空海

松長有慶
Yukei Matsunaga

岩波新書
1933

目次

章扉写真出典、提供者一覧

第一章　御厨人窟（高知県、室戸岬）　川崎一洸
第二章　高雄山神護寺金堂（京都）　遺跡本山神護寺
第三章　閼伽井（高野山、大伽藍）　岩西彰真
第四章　聾瞽指帰（高野山霊宝館蔵）　高野山霊宝館
第五章　阿字の軸（金剛峯寺内、阿字観道場）　岩西彰真
第六章　金剛宝座（ガヤ、インド）　今城良瑞
第七章　綜芸種智院跡（京都）　照内理光
第八章　東寺講堂内曼荼羅（京都）　総本山東寺
第九章　智泉廟（高野山）　照内理光
第十章　高野山御廟絵図（寛政五年作）　日野西真定編『高野山古絵図集成』より

一　果てしない宇宙と有限世界

御厨人窟（高知県，室戸岬）

宇宙からの光

大聖《だいしょう》の誠言《じょうごん》を信じて、(中略)阿国の大瀧《たいりょう》の嶽《たけ》に躋《のぼ》り攀《よ》じ、土州《としゅう》の室戸の崎に勤念《ごんねん》す。谷響《ひび》きを惜しまず、明星来たり影《えい》ず。

(『三教指帰《さんごうしいき》』序)

空海が若き日の修行を回顧した文の一節である。真言念誦《しんごんねんじゅ》を繰り返す修練を重ね、土佐の室戸の崎で瞑想に励んでいた。とある日の早朝、突如として谷間より轟音《ごうおん》がとどろき、空海は明星の鋭い光を自らの全身でもって捉えた。その瞬間、空海は日常生活においてそれまでに経験したことのない、ある種の異次元体験を身につけた。

紀元前五世紀頃、釈尊《しゃくそん》(シャーキャムニ)は中インドのガヤのとある菩提樹の下で、深い瞑想の末に、覚《さと》りを開かれた。だが、その覚りの内容を直ちに口外されることはなかった。日常性を超えた宗教体験を、通常の言語で他者に伝えることが到底不可能であることを、自身で充分に心得ておられたからである。

光で表現

インドでは伝統的に覚りという現実生活を超越した体験を、自分以外の者に伝えるために、日常的な言語ではなく、光とか音によって表現することがよくある。そのためかインドで古くから用いられてきたサンスクリット語では、光とか音を表現する言葉の数がかなり多い。

光線を表す日本語には、光、灯火《ともしび》、明かりなどがあるが、月や星の光では、影という、光とは真逆の言葉で光の意味を表すこともある。先に挙げた『三教指帰』の「明星来たり影ず」とか、唱歌「荒城の月」の「めぐる盃　かげさして」の「かげ」もそれに当たるだろう。日本語では光を表す言葉としては、ちょっと思いつくところではこの程度である。

ところがサンスクリット語では、太陽、月、かがり火、灯明《とうみょう》、仏の発する後光《ごこう》等々、光の種類に応じてさまざまな言葉がかなり多く用意されている。それらを一々ここでは挙げるいとまはないが、なかでも時間と空間を超越した覚りを意味する言葉として、通常の光を表す「プラバーサ」に「勝れた」という意味をもつ「ヴァラ」の語を後に加えて「プラバースヴァラ」なる言葉を作り出していることは注目されてよい。この言葉を漢訳するために、単に「光明《こうみょう》」という通常の言葉を用いたり、「清浄《しょうじょう》光明」という漢訳語が特別に考え出されることもある（施《せ》護《ご》訳『一切如来金剛三業最上秘密大教王経』）。

だが、いずれも何かしっくりこない。私であれば、「神秘的な光」あるいは思い切って「宇宙的な光」とでも表現するであろう。

大乗仏教では、修行者が覚りに到達するために、三解脱門《さんげだつもん》と名づける空《くう》、無相《むそう》、無願《むがん》の三段階を修する観法《かんぽう》が用意されている。現実世界におけるあらゆる存在物に対して、それらには本質的に実体が存在しないということを、順次に否定的に観じていく瞑想の行法である。

三解脱門

『般若理趣経《はんにゃりしゅきょう》』という十七段から構成されている密教経典の第七段に、大乗仏教のこの三解脱門が採用されている。これら三解脱門の、空とか、無相とか、無願といった否定的な瞑想を重ねた末、第四段階に「プラバースヴァラ」が現れる。

観法においては、対象物の否定を連続して観想した最終局面に、突如として行者の身体に「神秘の光」が飛び込んでくる仕組みになっている。真言密教の第六祖にあたる不空《ふくう》の漢訳では、ここは単に「光明」と訳せられているけれども、原本のサンスクリット語では、「プラバースヴァラ」となっている。

宇宙の根源と繋がる声・音

言葉と事実

われわれは日常生活において「お前、顔色悪いな。それほど長くはないぞ」などと、面と向かって言われると、日頃合理的な考えを信条としていて、神仏など信じないと豪語している人でも、「げんの悪いことを言うな」と何とはなしに嫌な気がするものである。日常の言葉がなぜか知らないけれども未来を予知し、言い当てられるような不吉な思いに駆られる。こういった思いをほとんどの人が、どこか心の隅にもっているからであろう。日本では古くから「言霊《ことだま》」の信仰があった。言《こと》(葉)が事《こと》(実)を呼び寄せるのである。日本だけではない。ヘブライ語の「ダーヴァーラ」は言葉と事実、この両方の意味を兼ねてもつといわれる。

音ないし声でも、光と同様にサンスクリット語の語彙《ごい》は豊富である。

古代インドのタントラ文献によれば、宇宙のすべての物とか現象は、聖なる音であるオームのような基本音となる単音節のマントラ(真言《しんごん》)から展開したものだと考えられている。タントラとは中世から近世にかけてインドで実践された修法書で、ヒンドゥ教、ジャイナ教、仏教が関係をもつ。

インド古代の哲学書である『ウパニシャド』は「声（シャブダ）は最高実在である梵（ブラフマン）である」と説く。インドにおいて声は現実社会で使用されているままに、宇宙の根源と密接に繋がっている。

中国では六朝期《りくちょうき》（三世紀から六世紀）より言語哲学の問題として、言葉を主題とする現象と実在の関係を、名と実の語で捉え、名実の密接な関係を論じている。

空海もその流れを継いで、『文鏡秘府論《ぶんきょうひふろん》』において「名は実を離れず、実は名に遠からず、名実の相い憑《よ》ること、理自ずから然り」と現実の言葉と、本源的な言葉とは不可分の関係であることに触れる。

人間の言葉

空海は比較的初期の著作である『声字実相義《しょうじじっそうぎ》』（略称『声字義』）において、現実の声とか文字がそのまま実相《じっそう》、つまり根源的な実在に他ならぬことを大胆に主張している。

人間の言葉は、およそ次のような三種の機能をもつ。

(1) 意思の伝達、および論理的な思考の補助作用。
(2) 感情に訴え、何らかの感興を呼び起こす働き。
(3) 真理とつながり、人間社会のありように何らかの影響を及ぼす。

(1)の意思の伝達においては、言語が必ずしも自己の意思を正確に他者に伝達しえないことを、われわれの日常生活においてしばしば経験する。言葉は現実社会においては、もともと不完全である。

(2)の感情に訴える役割は、詩とか俳句、短歌、芸能などの領域である。

(3)の真理とつながり、人間社会のありように何らかの影響を及ぼす。これがまさに密教でいう「真言」に相当する。

真実なる言葉は、人間社会の事象のみならず宇宙全般を動かす強い力をもつ。サンスクリット語の発音をそのまま残した真言(マントラ)とか陀羅尼(ダラニ)と聞けば、一般の人々はサンスクリット語の呪文のように受け取るが、それは宇宙全般の真実在と結びついているために不可思議な事象を現出することも可能となる。真言や陀羅尼といったサンスクリット語の言葉だけではなく、一般の社会における声や音、これらすべてが宇宙の真理と直接的に結びつくという構造を、理論的に解明したのが、空海の『声字実相義』といえるであろう。

こういった意味において、現実世界の音とか声を通じて、無限の世界から何らかの意味を含めた発信がなされているという受け止め方もある。

大乗仏教のいろいろな経典に目を通していると、仏陀が覚った瞬間に、大地が震動して真二つに割れ、大音響を発し、世にも不思議な妙音が周辺にあまねく満ち溢《あふ》れるという記述によく出くわす。先に挙げた「谷響きを惜しまず、明星来たり影ず」という言葉は空海が体験した「覚り」ないし、それにごく近い宗教体験が表現されていると見なしてよいであろう。

無限と有限の世界

内容に言及しない

仏教はインドから東南アジア、あるいは中国、日本など東アジアの各地に広範囲に伝播し、これらの地において隆盛を見たけれども、幾多の聖者たちは自らの覚りの内容を、具体的に他者に対して語ることはなかった。ましてや、それを声とか文字によって直接的に表現することは徹底して避けられた。

大乗仏教では、中観《ちゅうがん》とか唯識《ゆいしき》などそれぞれの学派において、覚りの内容(果分《かぶん》)は説き得ない、つまり「果分不可説《かぶんふかせつ》」と述べ、内容に関して言及されることはない。覚りという日常生活を超越した無限の世界に属する事項に関しては、通常の認識作用では、把握することが不可能とされるのが常識であった。

ところが空海はそれを可能だと考え、広く著作を通じて「果分の可説」を主張した。無限の世界に属することも、さまざまな象徴を通じてその内容が披瀝《ひれき》され、瞑想を通じてそれを身体的に把握することが可能であると説いた。これらの内容については後述(第六章)するため、ここでの説明は避けよう。

ただ有限の現実世界の中に宇宙的な無限性を取り込む、こういった積極的な考えを抱いたのは、中国、日本の仏教者の中では、空海が最初であったといってよい。

われわれが暮らす限られた日常世界から、宇宙的な規模をもち広がる無限の世界は、通常の方法では覗《のぞ》き見することすらできない。有限の世界から無限の世界に入る唯一の手段は瞑想、仏教でいわれる禅定《ぜんじょう》を措《お》いてはない。

禅定はサンスクリット語のデイヤーナから派生した俗語のジャーナの音から来た漢訳語であるが、一般に略して禅と呼びならわされている。

仏道修行のカリキュラム

三　学

仏教の修行者である比丘《びく》(男性の出家者)、比丘尼《びくに》(女性の出家者)にとって、戒律《かいりつ》・禅定・智慧《ちえ》の三課程は仏道修行に欠くべからざる規範で、これらは三学《さんがく》と称され、また戒・定・慧と略称されることもある。

このうち戒律は、僧院において集団生活をするうえでの必要な禁止事項である律(ヴィナヤ)と、さらに修行の向上をめざすための自己規制である戒(シーラ)を合わせた修行の規則である。次に一般に瞑想と言い習わされている禅定があり、それらを総合して得られる智慧の獲得が、仏教の修行者に必須の課題として要請される。

このうち戒律を守るか否かは、仏教の歴史の中でいろいろ問題となってきたが、現代の日本仏教ではほとんどの僧は結婚し、在家の人と変わらぬ生活を送る形が日常の生活形態となっている。現状では僧としての戒律を守っているとは言い難い。日本仏教では現在、三学のうち戒律の厳守はほとんど意味を失っている。

第二の禅定は日本仏教の現状では、戒律ほど無視はされていないが、軽視されているといってよい。一般には禅定は禅宗だけの問題だと思われているようであるが、注意してみると、ほとんどの宗派の教義や行儀の根底には、瞑想の伝統が根強く継承されていることに気づく。

仏教の基底に禅定

第三の智慧は、現在一般に同様の意味で使われている知識とは違う。知識は日常の学習経験の中で獲得し、蓄積される知的ないし肉体的な技術の集合体であるが、仏教でいう智慧は、日常生活の真実を求める生き方の中で自ずから身につく生活経験である。

近代の仏教学研究は、主として仏教の教理とか教団の制度、それらの歴史とか社会背景などなんらかの形をもつ対象に主として目が注がれ、実践を伴う禅定について触れられることはそれほど多くない。だが改めて仏教の歴史の中で対象を禅定に絞って探ってみると、仏教の教理や儀礼の基底に、しっかり禅定が横たわっていることに気づく。

仏教の中での禅定

三　昧

読書三昧《ざんまい》とか、念仏三昧とか、通常の日本語としてわれわれの周辺でごく自然に使われている言葉に、三昧がある。これは何か一つの対象物に専心することをいう。三昧とは、もともとサンスクリット語のサマーディの音を移した日本語で、インドにおいては、何か一つの対象物に心を振り向ける瞑想と深いかかわりをもつ。

先に述べたように、瞑想は禅定とも呼ばれている。その進展の度合いに応じて、初禅、第二禅、第三禅、第四禅と、瞑想の深みを増してゆく。釈尊も苦行を捨て、当時のインド人のしきたりに従い、禅定を修し、覚者《かくしゃ》となられた。

止と観

禅定によって人間の平常な心の働きをことごとく止める状態に至る瞑想は、滅尽定《めつじんじょう》といわれる。また単に心の働きを停止させるだけではなく、次いで観《かん》といわれる積極的な瞑想法が用意されている。出入《しゅつにゅう》の息を意識的に制御する出入息観《しゅつにゅうそくかん》などが、それに当たる。瞑想におけるこの止《し》と観は禅定の基本形態で、中国や日本の仏教観法の中にも継承される。

インドで釈尊の時代に近い初期の仏教では、修行の方法として、三十七のカリキュラムが用意されていた。三十七覚支《さんじゅうしちかくし》とも、三十七道品《どうぼん》ともいわれる。

それらの中で四《し》念処観《ねんじょかん》と名づけられる瞑想法がある。身体(身)、感受作用(受)、感情(心《しん》)、それ自体として存在するもの(法)の四種の対象に念を向けた瞑想を通じて、これらの対象とそれらを捉える働きが一つであることに気づく。

近世の仏教学の研究は、ややもすれば仏教の教理や歴史に対する知的な理解が主力となり、禅定といった仏教に不可欠の実践面に対する配慮に欠ける傾向が顕著である。その結果、最近ではマインドフルネスの名をもって、タイ、スリランカ、ミャンマーなどの南方の仏教圏でおこなわれてきた仏教の瞑想法が、日常生活でのストレスに悩む現代人の心の癒しとして注目されるようになった。

三十七道品の中には、この四念処観の瞑想のほかに、欲、精進、心、思唯《しい》の四種の瞑想が含まれ、四《し》如意《にょい》足《そく》あるいは四《し》神足《じんそく》ともいわれる。これらの瞑想を修することにより、四種の神変《じんぺん》、つまり奇跡が生まれる。

不可思議な奇跡

初期仏教以来、禅定は修道法の中では重要な地位を占めていた。それとともに禅定はその結果として、不可思議な奇跡を生み出すという事実と深く結びついていた。

明治以後の日本の仏教学は、主としてイギリスやドイツといったプロテスタントの国の研究を参考にしたために、釈尊の教えを根本仏教と称して、近代的な合理性の観点から高く評価した。その反面、実践的な面、民衆の通俗信仰の要素、ないし民衆の呪術的な傾向、あるいは神話的な伝承などを排除する傾向が強かった。

二十世紀になってフランスやベルギーなどカトリック圏の学者の仏教学研究や、戦後のチベット仏教研究の進展によって、仏教を合理性、近代的な知性のみで評価する傾向は沈静化したが、仏教と奇跡を分離して考える傾向は人々の意識の中にはいまだ残存している。

しかし仏教といえども、その初期の時代から瞑想の実践に、不可思議な現象を伴っていたことを無視しては、仏教の正確な全体像を把握することができないことを忘れてはならない。

インド密教の流れ

大日経と金剛頂経

大乗仏教は起元前後にインドで興ったとされるが、四ないし五世紀頃から、ヒンドゥの土着文化の影響を受け、しだいにバラモン教ないしヒンドゥの宗教儀礼や呪術を取り入れた流れが仏教教団の中にできあがっていく。七世紀には、大乗仏教の総合的な研究機関でもあるナーランダー寺を中心として周辺の中インド地域一帯において『大毘《だいび》盧《る》遮《しゃ》那《な》成《じょう》仏《ぶつ》神《じん》変《ぺん》加《か》持《じ》経《きょう》』(略称『大日経《だいにちきょう》』)が、また南インド地方のいずれかの地(詳細な研究はまだ進んでいない)で『金剛頂経《こんごうちょうきょう》』が撰述《せんじゅつ》された。これらの経典には、大乗仏教の思想が、それぞれの儀礼や呪法の中に見事に組み込まれている。

『大日経』は西北インド、中央アジアからシルクロードを経由して、唐の都の長安に届けられ、インド僧のシュバカラシンハ(善無畏《ぜんむい》)と、中国僧の一行《いちぎょう》によって漢訳された。それと同時にこの二人の訳者により注釈書の『大日経疏《だいにちきょうしょ》』(『大日経義釈』)が著わされ、以後、中国・日本において、この書を中心に『大日経』の研究が続けられてきた。

一方『金剛頂経』は十万頌《じゅうまんじゅ》からなる膨大な量の経典・儀軌《ぎき》(修法書)類が、十八の会場(十八《じゅうはっ》会《て》)で説かれたという伝承をもっている。その基本部分は十八会のうち、一般に初会《しょえ》の経典といわれる『真実摂経《しんじつしょうきょう》』で、南海を経由して中国にもたらされ、インド僧のヴァジュラボーディ(金剛智《こんごうち》)とアモーガヴァジュラ(不空《ふくう》)によって、それぞれ漢訳が進められ、しだいに中国に定着していった。

インド密教は八世紀以降、急激にヒンドゥの行法や日常生活の習慣、さらには土着の神々を摂取し、ヒンドゥ化を推し進めていったが、基本的には『金剛頂経』の系統を引く。インドのベンガール地方を中心に栄えたが、十三世紀初頭にイスラームの侵入によって、寺院や教団が破壊され、インドの地から消え去り、以後、仏教の伝統は近世に至るまで途絶えた。

『大日経』『金剛頂経』の密教を、インドの中期密教、それ以前を前期密教、以後を後期密教と、私は半世紀ほど前にインド密教を時代的に三区分して、それぞれに名前を付したが、現在その分類法と名称は学界でも一般でも使用されている。

四種に分類

インドにおいて、密教経典や儀軌を、タントラと称する。内容のうえで、所作《しょさ》(クリヤー)、行《ぎょう》(チャリヤー)、瑜伽《ゆが》(ヨーガ)、無上瑜伽《むじょうゆが》(アヌッタラヨーガ)の四種に分類し、その区分法はチベット密教においても継承されている。ただタントラという言葉はまだ日本の一般社会では、それほど馴染んでいないので、以後、使い慣れた密教という言葉に変えて用いる。

所作部の密教は、儀礼を主とした宗教的な作法が述べられている。その作法を執行する目的は現世利益が主で、思想性に乏しい。時代的には、インド初期密教に相当する。

行部の密教は、内容的には密教の儀礼、作法に大乗仏教の思想が組み込まれている。したがってその儀礼、作法を執行する目的は成仏《じょうぶつ》にある。この部類に属する主要経典に『大日経』がある。

瑜伽部の密教は、ヨーガの行法に基づく密教儀礼と修法を説き、『金剛頂経』の初期の段階がそれに相当する。空海が中国に留学し、学び、日本に持ち帰ったのは、この瑜伽部までの密教であり、それ以後の階梯《かいてい》の密教については、時代的な問題もあり、関与していない。

無上瑜伽部の密教はインド後期密教に属し、ヒンドゥの儀礼や神々を積極的に取り入れ、行法においても人間の生理的な作用を有効に利用し、女性パートナーを組み入れる等々日本密教とは極めて異質的である。ただしチベット密教には、女性パートナーが取り入れられている宗派もある。

瑜伽に還る

ヨーガ

現代人の身心ともに効く健康法として、近年ヨガが話題になり、それを実習する道場も日本各地に設けられ流行している。とはいえ、このヨガという言葉のもとは、サンスクリット語の yoga である。サンスクリット語では o は長母音で、オーと発音されるが、一般では英語読みにして短く「ヨガ」と発音され、それが日本語化されて日常的に用いられている。

ヨーガは音訳されて「瑜伽《ゆが》」という漢訳語となる。初期仏教では瞑想に関しては先に述べた禅定という言葉がよく使われているが、大乗仏教では瑜伽という言葉の使用例が多くなる。

なお、現存在を人間の幅広い認識作用の結果と見る唯識《ゆいしき》学派は、瑜伽行唯識派とも言われる。一切の存在を無実体で空と見なす中観《ちゅうがん》派には、七世紀頃に瑜伽行中観派という学派も派生している。

紀元前二千年頃、現在のアーリア人より以前にインドで生活していた先住民の遺跡から、瞑想に耽《ふけ》る行者のテラコッタが出土している。今からほぼ四千年前のインドの先住民の間で、ヨーガが修されていた可能性も残されている。インドの極めて古い時代から、仏教の成立時、ないし大乗仏教の時代を通じてヨーガの行法がおこなわれていたとみてよいであろう。

ヨーガという名詞は、もともとサンスクリット語の「ユッジュ」(yuj)という動詞の語根からできた言葉で、二つのものを結びつけるという意味をもつ。かつてインドの農村に行くと、二頭の牛を並べ、両牛の首を一本の棒で縛ってつなぎ、その棒の中央から縄を引き、そこに犂《すき》をつけて、二頭の牛の力を合わせて農地を鋤《す》く光景によく出くわした。その両牛をつなぐため棒で結びつけることを、ユッジュと言うのだと教えられたことがある。

空海と瑜伽

空海の思想と生涯の活動に、瑜伽は通底して存在すると私は考える。空海の思想を考える場合、瑜伽の体験を抜きにしては成り立ちえない。

空海は「蒼嶺白雲観念の人」(『性霊集《しょうりょうしゅう》』巻三)と自称し、高野山の下賜《かし》を請う上奏文《じょうそうぶん》に「修《しゅ》禅《ぜん》の一院の建立のため」(『性霊集補闕抄《ぶけつしょう》』巻九)と記している。空海にとって修禅、つまり瑜伽行の実践は日常生活そのものであった。

しかし空海の伝統を継承する日本の真言宗において、この瑜伽行についてそれほど関心をもたれることはなかった。なぜか。

後世になって、空海の思想と生涯の業績を、教理的な部分を教相《きょうそう》、実践的な部分を事相《じそう》という言葉で二分し、瑜伽そのものを、事相の分野に限定してしまったからにほかならない。ただし空海自身が教相ないし事相という言葉を使用した事例は、まったく見出せない。瑜伽の観法は事相でも教相でもなく、いずれにもかかわる空海の思想の原点というべきであろう。

無上瑜伽密教

インドの後期密教は半世紀ほど前までは淫猥な左道密教《さどうみっきょう》と蔑称され、厳しく非難されたこともあった。しかしその行法の内容を調べてみると、人間の生理構造や呼吸の機能を巧みに利用し、行者が瑜伽を容易に実践しうるように組み立てられていることに気づく。瑜伽観法の上級編といってよかろう。まさに無上瑜伽密教という名にふさわしい構成になっている。

一方、真言宗における事相の代表的な事例である「理趣経法《りしゅきょうほう》」は、私が日々修している中院《ちゅういん》流の次第《しだい》によれば、その中に、瑜伽の観法が実質的に取り入れられているわけではない。瑜伽行を修する入我我入《にゅうががにゅう》の観法が、秘伝として取り扱われ、資格のある師から個々に口述を受けることが本儀で、明記することが避けられたためであろうが、密教の事相において瞑想の伝統が重視されているとは言い難いものがある。

瑜伽の体験

いずれにしても空海の思想の基底には、瑜伽の体験が重く横たわることは事実である。この点について空海自身が自らの瑜伽の体験を記録した一編の漢詩を、この章の最後に掲げて、次章以下の参考に資したい。

閑林《かんりん》に独り坐す草堂《そうどう》の暁
三宝《さんぼう》の声を一鳥に聞く
一鳥声有り　人《ひと》心有り
声心雲水倶《せいしんうんすいとも》に了了《りょうりょう》たり

「後夜《ごや》(早朝)に仏法僧《ぶっぽうそう》の鳥を聞く」との題が付せられた漢詩である(『性霊集補闕抄』巻十)。その場所は記されていない。高雄山《たかおさん》か、それとも高野山か。詳しくは断定できないが、いずれにしても住房を離れた深山《しんざん》の一隅であろう。

朝まだき大自然が息をひそめてたたずむ深い静寂の中で、修禅にいそしむ空海、傍をかすかな水音をたてて流れゆく渓流、明け方の空に浮かぶ白い雲、そこに天空から、突如として三宝鳥（ブッポウソウ）の声が降り来たり、修禅にいそしむ人も、その人の心も、流れゆく水も、空に浮かぶ雲も、三宝の名をそのまま込めて鳴いている鳥の声も、みんな隔《へだ》てなく解け合って、原初の一に包まれている。

この詩に蛇足ながら、解説を加えた拙訳を付け加えよう。

山の草堂で早朝　独り瞑想に耽《ふけ》っていた
鳥の声のようだ　ブッポウソウだろうか
仏とその教えと　それを伝える僧たちと
三つの宝の名を　一声に込め鳴いている
これらすべては　宇宙いたる処に満ちた
法身《ほっしん》大日如来の　身と語と心のあらわれ
鳥の声と人の心　浮かぶ雲と流れゆく水
みんな解け合い　永遠の一に還ってゆく

二　自然観

高雄山神護寺金堂（京都）

密教宣布の開始

大同元(八〇六)年十月、空海は二十年を予定していた中国留学を、ほぼ二年に短縮して帰国し、高階遠成《たかしなのとおなり》に託して、帰国の報告書ともいうべき『御請来目録《ごしょうらいもくろく》』を朝廷に呈上した。そこには新しく請来した密教経典と論疏《ろんしょ》四百六十一巻、曼荼羅《まんだら》、密教の法具などの目録とともに、唐の都である長安の青竜寺《しょうりゅうじ》において、インド以来の法統を継ぐ恵果阿闍梨《けいかあじゃり》から、通常では受けられない金剛界《こんごうかい》と胎蔵《たいぞう》の両部《りょうぶ》の密教を受法した幸運が感激をもって記されている。それとともに新しく持ち帰った密教が、従来の仏教の教えに比べてどれほどの優れた内容をもつかについての簡単な叙述がある。

だが朝廷からは、都に帰れとの命令は直ちに下されなかった。ほぼ三年の間、北九州に留め置かれたとみられる。二十年の留学期間を二年ばかりに短縮して帰国した理由の詮議《せんぎ》に時を要したか、あるいは桓武帝から平城帝に代わり、朝廷が薬子《くすこ》の変という不穏な空気に包まれていたためか、その理由は不明である。

都に入る

平城帝から嵯峨帝に代わるころ、空海は都に入ったようである。弘仁元(八一〇)年十月二十七日付けで、国家の奉為《おんため》に高雄山において新来の密教の秘法を修したいと朝廷に願い出た文が残されている(『性霊集《しょうりょうしゅう》』巻四)。空海の、密教宣布のための積極的な活躍の幕が切って落とされた。

このころより空海と嵯峨帝との交流が始まる。異国の文化にことのほか興味をもち、書にも関心の高かった嵯峨帝と、先進国・唐の文化を新しく携えて帰った空海との文化交流には密なるものがあった。

空海は唐の名筆家の書迹《しょせき》や、名のある筆、珍しい蜜柑を帝に進上し、また帝から屏風に書を依頼されたことをうかがわせる文が『性霊集』(巻三と四)に残されている。それとともに嵯峨帝に仕える高級官僚とも交流を深めていった。

唐の国の律令制度に倣い、中央集権制度を制定し、それを強化しつつあった奈良時代から平安初期にかけて、新しく請来した密教を社会に認知させ、新しい土地に定着させるためには、朝廷との密接な関係の維持は不可欠であった。南都六宗《なんとろくしゅう》や天台宗は、すでに中国において宗派ないし学派として認められていた。それに比して、密教が当時の朝廷や仏教界では、まったく未知であった事情を考慮すれば、空海の行動は的確な情勢判断に基づく宣教活動であったと言えるであろう。

修禅の願い

灌頂を授ける

弘仁三(八一二)年、空海は日本天台宗の開祖・最澄の要請もあり、その年の十一月十五日に、密教の法統を継承するための正式の儀式である両部の一つである金剛界の灌頂《かんじょう》を、最澄を始め和気真綱《わけのまつな》、仲世《なかよ》、美濃種人《みののたねと》に授けた。十二月十四日に密教継承の儀式のもう一方の胎蔵法の灌頂を、最澄とその高弟たち、南都の諸学匠のほか自らの弟子たち数人にも授けている(『高雄山灌頂暦名《れきみょう》』)。ちなみに灌頂とは正統の密教を、師から弟子に継承する秘儀である。

高雄山に僧侶を統括する三綱《さんごう》の役職が置かれたのも、このころのことである(「高雄山寺に三綱を択《えら》び任ずる書」『性霊集補闕抄《ぶけつしょう》』巻九)。弘仁四、五年頃には、空海にいくらかの弟子の集団ができあがっていたとみてよい。

それとともに嵯峨帝およびその側近の高級官僚とも、密なる交友関係が少しずつできあがっていたようである。空海との間に数多くの往復書簡が残されていることから、それがわかる。

新しく請来した密教が、日本の国土に定着する基礎固めが着々とできあがりつつあった。

修禅の道場の開設

帰国後の空海には、もう一つの目的があった。修禅《しゅぜん》の道場の開設である。自らも、また弟子たちのためにも、インド以来の伝承に従い、瑜伽《ゆが》の観法《かんぼう》を日夜実践する場所を得ることが必須の課題であった。

弘仁七（八一六）年七月八日付けで紀伊の国司に下された太政官符によって、高野山は空海に下賜《かし》された。その上表文には「私は若いころ好んで山野を跋渉《ばっしょう》しておりました。その時、吉野から南に行くこと一日、さらに西に向かって二日ほど歩いたところに、平原で幽邃《ゆうすい》な土地があります。四面は高嶺で、人跡未踏の土地のようです。上は国家のために、下は諸々の修行者のために、この未開の森林を伐採して、ささやかな修禅の道場を建立したいと存じます」とある（『性霊集補闕抄』巻九）。

また同じころ、主殿助《とのものすけ》布勢海《ふせのあま》にあてた手紙には「帰国の時に暴風雨に遭い、その難を避けようと神々に祈願しました。それからもう十年余を経ましたが、高野山の開創《かいそう》はその時の神々との約束を果たすためなのです」（『高野雑筆集《こうやぞうひつしゅう》』上）と、官僚に帝との取次を依頼している。

都における密教の宣布と定着のための朝廷に対する働きかけと同時に、密教行者にとっては必須の瑜伽の観法を実践する土地の確保、このような対照的な両面作戦に踏み切ったのである。

都での社会活動は中国における密教の伝統を、山林における瑜伽の実践はインド密教の伝統を、一身に継承しようとする意図が、空海には秘められていたのかもしれない。

高野山に籠る

書簡に綴られたもの

空海が朝廷に呈上した表《ひょう》（上奏文《じょうそうぶん》）、あるいは知人、友人に送った書簡などは、『性霊集』十巻と、『高野雑筆集』（空海筆の手紙等の集成）二巻などの中に、その多くが収録されている。このような書簡類は、真言密教の思想を正面から論じた教学の書とは趣を異にしている。なかには個人的な率直な心情をうかがうことのできるものも少なくない。それだけに一面においては貴重である。

空海は嵯峨と淳和《じゅんな》の両帝を始め、宮廷に仕える当時の高級官僚とも密接な交友関係を保ち、宮廷活動にエネルギッシュな情熱を燃焼させた。新来の密教を、平安初期の律令体制下にあった日本に移植し、定着させるためには不可欠な行動であった。その一方、ひとり山林に籠り、大自然を相手にしばしば瑜伽の観法に耽《ふけ》った。

自然に還る

次に空海の自然に還りたいという切実な願いを、文献や書簡から探ってみよう。『高野雑筆集』下に収められた筑前栄井王宛の書簡には、「貧道（僧侶の謙称）閑静を貪らんがために、暫《しばら》くこの南峰（高野山）に移住す」とあり、下野太守《しもつけのたいしゅ》宛の書簡には、「貧道、去《い》ぬる弘（仁の）九冬月を以《も》って、閑寂に紀州の南嶽《なんがく》に就く」とある。いずれも高野山が修禅をおこなう適地であり、ここで瑜伽行に専心していた状況を伝えている。

高野山の開創の勅許が出された翌年に、弟子の泰範《たいはん》と実恵《じちえ》などが高野山に向かって派遣された（『高野雑筆集』下）。先遣隊である。前述の下野太守宛の書簡によって、自身は弘仁九（八一八）年冬には、勅許後初めて入山したものと考えられる。

翌十年五月三日に「上は諸仏の恩を報じて密教を弘揚《ぐよう》し、下は五類の天威を増して群生《ぐんじょう》（衆《しゅ》生《じょう》）を抜済《ばっさい》せんがため、一《もはら》、金剛乗秘密教《こんごうじょうひみつきょう》（密教）に依って、両部の大曼荼羅を建立せんと欲《ねが》って」結界《けっかい》がおこなわれている（『性霊集補闕抄』巻九）。結界とは、修行の土地に障害が起こらないように、区域を限って攘災《じょうさい》の儀礼をおこなうことをいう。

新しい土地に魔が入りこみ、宗教儀礼にさまざまな障害を与えないように、インド以来、密教では、経典の規定に準じて、聖域を限定して、独自の儀礼をおこなう伝統があった。

俗事を避ける

　高野山が下賜《かし》され、空海自身が入山したころは、空海の修禅の思いが一気に募り、瑜伽行に専心した時期であった。とはいえ、それ以前にもその願いの一端をうかがうことのできる文献が残されている。高雄山において灌頂壇《かんじょうだん》が開かれた翌年、弘仁三年に書かれた「中寿感興詩《ちゅうしゅうかんきょうし》」(『性霊集』巻三)がそれである。

四十歳を祝う詩

　空海は四十歳の時、一編の詩をしたため、その中で「年月は矢のように早く過ぎ去り、私も論語にいう不惑、つまり四十歳に達した。インドではバラモンの僧たちは、この齢を迎えると山林修行に入る。一方、在家では酒宴をもって祝う習わしがある。袈裟をつけた僧侶はどうしたらよいか。私が思うに、独り正座し、目を閉じ仏の徳を念ずることがよかろう」と述べ、最後に詩文を付している。

　仏教の開祖である釈尊は八十歳で涅槃《ねはん》に入られた。その半分の年齢すなわち四十歳を中寿と称して、この時代には在俗の人々の間で祝宴を催す習慣があった。

空海は一たび修禅三昧を志した場合、一定の期間を限り、山に籠り、いかなる俗事にも関与しなかったことは、断りあるいは謝罪の手紙が数多く残されていることからわかる。それらはかなりの数に上るが、その中のいくつかを読みやすい現代文に変えて次に紹介しよう。

断りの手紙

鎮西府の某氏宛のものに、「お目に掛かりたいと思っていましたが、期間をきって修法をおこなっていて山を出ることができません。このような事情によって、あなたにお目に掛かることができなくなりました」とある。

唐僧都《とうのそうず》(唐招提寺の如宝《にょほう》とも推定されている)宛の、「空海、山に入って以来、人との交渉をすべて断ち、筆を執るのも気が咎めて、寸陰を惜しみ、心は仏を観想することに専念しておりました。その間は、夢の中のような俗事はすべて忘れ去ることにいたしておりました」という依頼されていた書を届けるのが遅れた謝罪の手紙もある。

天皇に対しても、依頼された書よりも禅定を優先させていたことは、次のような表が『性霊集』に残されていることから窺《うかが》える。

「空海、鉢や錫杖を持ち行乞《ぎょうこつ》することが本務で、書をしたためるような才能は持ち合わせておりません」(巻四)と、いったんは断りながら、やがて修禅の期間を終え、約束を果たしたのであろう、「空海、ずっと観想に耽り、書をお届けすることが遅れてしまいました。夜も昼も時を定めて、数息観《すそくかん》や修禅に没頭していたために、つい書をしたためる機会を失ってしまいました」(巻三)と詫びている。

また天長元(八二四)年四月、「観法に専心する生活を送ることが性にかなったことであり、少僧都《しょうそうず》という栄誉も俗事であって煩砕《はんさい》に耐えません」(『性霊集』巻四)と辞退することもあった。

山林独座の願い

弘仁十二(八二一)年十一月、両相公《りょうのしょうこう》の一人藤原冬嗣《ふじわらのふゆつぐ》宛の書簡(『高野雑筆集』上)に、国費の給付を停めるように願い、「斗藪《とそう》して(食を他から得て)生活し、山林に籠り独りで座禅をしておれば、そのあたりの雑草がわが命を支え、蔓草が衣となります。このようにして私は国の恩に報いております」と書いている。

弘仁の終わりから天長の初めにかけて、空海は国家の援助をことごとく避けた。このころ、山林で独り坐したいとの願いがとくに強く表れているように思われる。

このような空海の観法に対する厳しい姿勢は、友人や弟子たちの間に、広く知れ渡っていたようである。

天長三(八二六)年二月頃のものと推定されている小野年長《としなが》から空海宛の手紙には、「阿闍梨は身体を禅関(禅定)に凝らし、心を禅定によって清めておられる。霞を吸って年を送り、山水に向かってだけ生活し、都に帰ることをすっかり忘れてしまっておられるようですね」と空海の真摯《しんし》な林住の生活を讃え、それに引き換え、弟子の自分が俗事に忙殺されている嘆きを書きしるしている。

このように空海が期限を限って禅定を実行していたことは、自他ともに周知の事実であった。しかし、念願の修禅の道場である高野山に、空海自身が入山した翌年、弘仁十(八一九)年の七月から八月にかけて、嵯峨帝の勅《ちょく》により、高野山から京都に戻り、中務省《なかつかさしょう》に入り、そこに住むことになった。

「秘府」の文献

この中務省所轄の図書寮、つまり「秘府」に蔵せられていた文献を閲覧し、整理する機会を得たことによって、当時、中国でおこなわれていた詩文の法則を取捨選択した手引書ともいうべき『文鏡秘府論《ぶんきょうひふろん》』が完成した。その略論である『文筆眼心抄《ぶんぴつがんじんしょう》』が弘仁十一年夏に出されていることから、『文鏡秘府論』の撰述は、その前年のことであろう。

それ以後、高野山の運営は空海の弟子、実恵や真然《しんぜん》に任され、空海は京都と高野山との間を絶えず往復することとなった。それでも空海の瑜伽観法への熱烈な願いは、生涯の間継続されて、実践されている。

なぜ、深山に籠るのか

良相公への詩

嵯峨帝の重臣で、文学にも関心の高かった良峯安世《よしみねのやすよ》は弘仁七(八一六)年に参議に任ぜられ、良相公《りょうのしょうこう》と呼ばれた。空海とも厚い親交があり『性霊集』巻一に、「良相公に贈る詩」と題する文と詩が掲載されている。その前文に、「良相公、我に桃李《とうり》を投ぜり(一文を寄越した)。予はその返事として一章五言の詩と、三篇の雑体詩(形式にとらわれない詩)を返す」と記されている。

その内容は、安世が空海の山籠りの真意をただす質問に対し、回答の形をとる。相手を非難するような辛辣な問いかけではない。どちらかといえば、「山に籠って禅定に耽るのは楽しいですか。都の生活はもっと愉快ですよ」といった軽い調子の質問に、空海は俗世を離れた山住まいの生活のすばらしさを雑詠《ざつえい》で答えている。

空海は三篇の詩に先駆けて、まず前文では、

孤雲　定まれる処無し、　本《もと》より高峯を愛す。

人里の日を知らず、　　月を観て青松に臥せり。

と自らの俗世を離れた日常生活を語る。

続いて、「あなたの玉を振わすような文章にふれると、お目に掛かってお話を承っているようで、あなたの友情が心に沁みます。あなたは仰せのように、仏法の弘通《ぐずう》(伝播)を心から願われ、その点で私も同じく人々の救済に努めております。とはいえ現状では、人の心は塵に汚されているので、仏法の月の光がそれらに届かぬ有様です。いまだ時期が至っておりません。このような時に行動を起こすには、時勢をよく見極めて決定すべきでありましょう」と、相手を立てながら自身の意思を巧みに詩文によって表明している。

良峯安世からの最初の問いかけは、「なぜ、寒く険しい、上るにも下るにも難儀な、精霊の住むという山奥に籠っておられるのですか」という意味の文章であったらしい。

それに対し空海は「神泉苑の清らかな水も沸《わ》いては流れ、ついに深淵《しんえん》に入って終わる。身分の上下を問わず、人はすべて死に去る。死に去って最後は灰塵《かいじん》と化す。都の歌や踊りの殿堂は野狐の棲み家となっていて、夢や泡に似てはかない。表だけの華やかさの中に埋没する生活に何の利益があろうか。そのような処に永く留まるべきではない」と述べ、最後に「南嶽《なんがく》(野山)

の清流は憐《あわ》れむこと已《や》まず。浮華の名利《みょうり》の毒に慢《おご》る莫《なか》れ。火事にあっている家、つまり俗世で身を焼くように苦しむよりも斗藪して（仏門に入り）、早く法身《ほっしん》の里に入れ」と、逆に戒めている。

山籠りの楽しさ

山住まいの楽しみとは

良峯安世（良相公）からの第二の問いかけは、「山住まいに何か楽しみがありましょうか。せっかく持ち帰られた多数の経典や、立派な衣など、山の湿気でボロボロになっているのではありませんか。お体に支障も出てきましょう。意味もなくひもじい思いをし、万が一、命を落とされたりすれば、取り返しがつきません、お考え直し下さい」である。それに対する返事は、次のようになる。

あなたはご存じありませんか。またお聞きになっていませんでしょうか。
尊い釈迦牟尼世尊《しゃかむにせそん》は霊鷲山《りょうじゅせん》に、中国では文殊菩薩《もんじゅぼさつ》が五台山に住まわれる。
私は出家した沙門《しゃもん》であるから、宇宙を我が家と見て人に尽す使命をもつ。

善無畏《ぜんむい》は王位を捨て出家した。父母の恩を断ち弟子入りする比丘も多い。
出家者は国もなく故郷もなく、家も捨てて位階勲等をもつ官吏でもない。
水一杯で朝にはいのちを支え、山霞を一飲みさえすればこころは安らぐ。
蔓草《つるくさ》を編めば身体は覆われる。茨や杉の葉っぱを敷けば立派な床となる。
天は行者に同情し紺幕を垂れ、竜王は私の信者で白雲を垂れ雨を降らす。
山鳥が訪れ一声を上げて歌う。山猿が飛び廻るがその技は人にできない。
春に花が秋に菊が笑みかける。早朝の月や朝の風が俗なる塵を洗い去る。

出家者が山に籠るのは、さして珍しくはない。名誉も財産も家族もすべて捨て、所有物に対する執着からさっぱり脱却しきった身である。山ではそこにある自然の恵みだけで生活できる。そのうえ、鳥や獣がやって来て歌ったり、妙技を披露してくれたり、花が私に語りかけ、心が和み、都でのストレスがすっかり消え去ってしまう。

ここまでは離俗の生活の、取り立てて言うほどのない、賛美であると言えるだろう。

覚りの道へ

次に「人間は身体と言葉と心との三種の働きをもつけれど、これらは宇宙全般に遍満《へんまん》しており、この身体・言葉・心の三種の働きは仏も同様に具《そな》えておられる。

大自然に遍在する仏に対し、一つまみの香を献じ、一口だけでも経典を唱えれば、その功徳が因となり、覚りへの道が開ける」と書かれている。

この部分だけは身体（身《しん》）・言葉（口《く》）・心（意《い》）の三密《さんみつ》が、人間にも仏にもともに具わっていると、密教らしい内容を示しているが、さらに、「時季の花を一束供え、賛歌を一句でも唱え、一礼すれば、あらゆる生きものに功徳が及び、すべてが覚りに行きつくことができる。このような覚りの境地は、何物にも邪魔されない、光り輝く大虚空《だいこくう》のような静かで心も安らかな状態といえるであろう」と、最後は深山の大自然を、覚りの境地に比している。

最初はごく平凡な大自然の描写から、それが覚りへの道に通ずることを語りかけようとしている。それに対する良相公の反応は、これだけでは読み切れない。

宝玉を抱いての山籠りはなぜか

見方の違い

良相公三番目の詩は、「お師匠さんは宝玉を一人で抱いて山に入ってしまわれた。そのようなことをして、みんなから笑いものにされてもよいのですか」という問いかけである。

それに対する答えは、

「あなたはこんな話を聞いたことがなかったでしょうか。なかったですか。教化に優れた仏さまでさえ、髪の中に入れこんだ宝玉のような最高の真理はひとり自分の内に収めていて、やすやすと他人に公開しなかった。徳の高い孔子さんでさえ、その優れた教えを、間違いなく理解する人が現れるまで、だれかれとなく安売りはしなかった」

となっている。

「四角い物と円い物は組み合わせられない。人と教えもしっくり合わない時には、黙っているほうがよい。聞く者に少しでも適応性があれば語る意欲も湧く。昔の人は道を学ぶと自分の名利を度外視した。今の人は書物を読んでも、自分の名声と金儲けにしか心を動かさない。教えの達人の妙薬でも、慢心して受け取れば毒となり、法帝の醍醐《だいご》のような素晴らしい教えでも、罵《ののし》れば災いをもたらす。夏の風は涼しいが、同じ風でも冬は冷たい。美味の料理も病人には苦い。美人で有名な西施《せいし》の笑みも魚や鳥には恐怖である。同じものでも受け取るほうの素質や立場により違ってしまう。こういうことを、あなたは心得ていらっしゃるのでしょうか。お互いにこういうことを知って、あなたとの友情をこれからも続けたいものですね」

往復書簡から

これらの書簡の往復は、弘仁八、九年頃のことと思われる。最初の手紙では、山籠りの理由づけに、通常の仏教の思想が表に出ている。ただ二通目の、人の三密も仏の三密も同じで、仏である大自然を供養すれば、覚りへの道に通ずるとの箇所は、仏と人との同体を説く密教の考えに沿っている。ただし、まだここでは即身成仏《そくしんじょうぶつ》の思想は表面化していない。

また最後の篇の、同じ教えでも受け取る人の素質と心得によって、価値が異なるとの考えは、空海の帰国後、初期の著述になる『弁顕密二教論《べんけんみつにきょうろん》』(略称『二教論』)の主要なテーマの一つである。

このように良峯安世と交わした手紙の問答には、密教の理論が直接的には表れていない。それに文化人同士が交わした書簡としては、それほど推敲《すいこう》を重ねた名文とも、奥深い内容を秘めた詩文とも受け取りがたい。

むしろこの三篇は最初に雑体の詩と断り書きがあるように、文を通じての親友同士のお遊びの歌と見てよいかもしれない。空海の山籠りを残念に思い、自分の近くに居てほしいとひそかに願う嵯峨帝に命じられたか、それとも帝の意をくんだ良相公の忖度《そんたく》によるものか、後者の可能性も若干残されている。

大自然に仏の教えが潜む

瑜伽観法をおこなう場

空海にとって自然は、そこに入り込み、瑜伽観法をおこなう場として機能した。その目的を達成するには、深山で人跡《じんせき》の乏しい高野山を開創する勅許を得て、そこに自身と弟子たちのために修禅の道場を構築することが念願であった。自然の中に溶け込み、それと一体化する観法を日夜に実践しようとする願いを生涯の間もち続けた。

それとともに一人の仏道修行者として、都塵《とじん》を避け、人里離れた深山において、大自然に囲まれて自然を満喫し、自給自足の生活をする楽しみを、宮廷の高官である良相公に披露する手紙も残している。

宝の蔵

また一方、空海は大自然から、仏の教え、宇宙に隠された真理を読み取ろうとする姿勢ももちあわせていた。大自然そのものを仏の教えを秘めた宝の蔵と見ていた。

空海の言語哲学の一端を述べる『声字義《しょうじぎ》』に、

十界《じっかい》に言語《ごんご》を具《ぐ》す。
六塵《ろくじん》悉《ことごと》く文字《もんじ》なり。

という偈頌《げじゅ》(詩文)がある。

この現実世界を含め仏界から地獄に至るまでの十の世界には、どこにも文字が隠れて存在する。眼に見える物体(色《しき》)、耳に聞こえる音(声《しょう》)、鼻で嗅ぐ匂い(香《こう》)、舌で味わう味(味《み》)、身体で感じる触れ(触《そく》)、全体でわかる存在物(法)といった、人間の六種の感覚器官が働けば反応する六種の対象物は、すべてが仏道修行者にとっては障害物であって、塵のような存在と考えられていた。

ところが空海は通常の仏教の常識に反して、これら塵芥《じんかい》のように考えられている認識対象を、仏からの教えの提示として受け取り、宇宙通信の文字と見なすのである。自然の中に、仏の教えがぎゅっと詰め込まれて潜み、われわれ人間の気づきを待ち構えていると考える。

通常、仏教では現実世界を煩悩《ぼんのう》の一種である執着の対象として厭い、立ち去るべき場所と考え、煩悩を抑え、あるいは排除して、執着のない理想世界をめざすことが求められてきた。

それに反して空海は、現実世界そのものである大自然から、仏の教えをそのまま聞き取れと教えている。日常生活の中で、なにも変わらぬ自然から、生まれながらにもつ六種の感覚器官をフルに活用して、その通信を捉え、仏の教えに自身で気づくことの大切さを、われわれに告げている。大自然の秘密の気づきについては法身説法《ほっしんせっぽう》として、後に改めて説明するので(第六章「法身の説法を受け止める」)、これ以上の言及を避けておく。

天地は経典の箱

『性霊集』巻一の冒頭に、「山に遊んで仙を慕う詩」が掲げられている。ここでの「仙」は、単なる仙人ではなく、大仙つまり仏陀を指す。すべて陽の韻を用いた五十三字を含み、五百三十言からなる長編の密教詩といえるであろう。

長編の密教詩

大宇宙そのものである大仙、すなわち大日如来が自身の覚りの境地を、現実の世界の中に映し出した状況を述べた壮大な長詩である。

「大宇宙に準《なぞら》えられる広大な宮殿の中央に、雨粒のような無数の眷属《けんぞく》を従えた大日如来《だいにちにょらい》が坐っておられる。この大日如来とは一体だれなのか。それは自分自身に他ならない」と読者の心を一気に捉え、その内容に関心を向かわせる。

時空を超越

その次がすばらしい。時空を超越した大日如来の広大な世界が、現実の世界にオーバーラップして描写される。

如来の身口意《しんくい》がこの国土に満ち、虚空全体を完璧な道場とし飾る。
大筆に大海の墨を含ませ描いた、経典を天地は包み覆う箱のよう。
万物は原初の一点阿字に含まれ、大自然はそのまま典籍《てんせき》でもある。
その動きは人の能力より伝わる、自然《じねん》の説法は極まりもなく鋭い。
大日尊の体・大自然の大きさは、大千世界の果てをも乗り越えて、
その生命限りなく、光明が満つ、渡るに阿字の助けが必要となる。
その世界を常に仰ぎ見て如来と、等しと願うなら自ら行動に移せ。

スケールが大きすぎて、現代表現の私の試訳では物足らない。次に原文を書き下し文にして添えておこう。

三密《さんみつ》　刹土《せつど》に遍《あまね》し、　虚空に道場を厳《かざ》る。
山毫溟墨《さんごうめいぼく》を点ず、　乾坤《けんこん》は経籍《けいせき》の箱なり。
万象《まんぞう》を一点に含み、　六塵《ろくじん》を縑緗《けんしょう》に閲《す》ぶ。
行蔵《こうぞう》は鐘谷《しょうこく》に任《まか》せたり、　吐納《とどう》は鋒鋩《ほうぼう》を挫《くだ》く。

三千は行歩に隘《せま》く、　江海《こうかい》は一甞《いっしょう》に少し。
寿命は始め終わりなく、　降年《こうねん》豈《あに》限《かぎり》壃《かぎ》らんや。
光明法界に満つ、　一字津梁《しんりょう》を務む。
景行《けいこう》して猶《なお》　仰止《ぎょうし》すべし、　斉《ひと》しからんと思わば自《みずか》ら束装《そくしょう》せよと。

大自然そのものに深い教えが秘められている。それを汲み取りうるか否かは、各自の能力次第である。大自然に潜む大日如来の教えを受け取ることのできるように、それぞれ自身で修行に移る行動を起こそうという、壮大な宇宙的な思いが込められた詩である。

三　対立と融合

閼伽井(高野山，大伽藍)

二元の対立

対立して存在

われわれの周辺には、対立して存在しているもの、あるいは対立する考え方などがさまざまあり、可視的なものとして自分と他人、身と心、敵と味方、人間と自然、天と地、海と陸などが思い浮かぶ。物体ではなく考え方（概念）としては、主観と客観、聖と俗、マクロコスモス（大宇宙）とミクロコスモス（小宇宙）、カオス（混沌）とコスモス（秩序）、有と無、全体と個物などがよく挙げられる。

仏教では、例えば能《のう》（主体）と所《しょ》（客体）、理《り》（真理）と事《じ》（現象）、彼岸《ひがん》（あの世）と此岸《しがん》（この世）などの二元的な考えを一元化する、つまり、これらの対立概念を一体とみる思想が問題として取り上げられる。

ここではまず二元の中で、聖と俗、言い換えれば仏と人間、神と人間の関係について考えてみよう。おおざっぱに言えば、西洋の文化では、聖と俗は厳密に分離されている。それに対して、インド以東の東洋の文化では、聖と俗の境界線は曖昧《あいまい》で、インドでは最高実在・ブラフマン（梵《ぼん》）とアートマン（個我）の一体（一如《いちにょ》）が説かれ、大乗仏教では、人間が仏になる教え、一切《いっさい》衆生悉皆成仏《しゅじょうしっかいじょうぶつ》が示される。

ユダヤ教やキリスト教などの西洋の宗教、さらにイスラームなどの中東の宗教では、神と人間の間には、厳密な境界線が引かれ、人間が神にはなりえない。そのためキリスト教の新約聖書の世界では、聖母マリアから生まれたイエスが神の子とされ、神と人間の間を取り結ぶ。

カオスがコスモス

また西洋の文化では、カオスを排除して初めてコスモスが生まれる。ところが東洋の文化では、カオスそのものがコスモスとされることもある。

例えば、ヒンドゥ教の聖地であるバラナシーのガンジス河畔では、聖地として常に信徒の沐浴《もくよく》がおこなわれている。濁流で口を注ぎ、手足や顔を洗う。その習慣を見て、異教徒はこれが神聖な宗教行事かと疑念をもつ。まさにカオスそのものの猥雑さである。ヒンドゥ教の生きた寺院、すなわち信者が現に参拝している寺の内部では、信者さんたちは、香りの強い線香と花をかかえて、聖牛の排出物を素足で踏みつけながら、大声でマントラを口にし参拝している。清潔なたたずまいの中でおこなわれる宗教行事に慣れた異邦人には、それまでの常識を覆す経験であろう。カオスを除外してコスモスを見出すのが聖なる宗教行事であるとの既成概念は、ここではすっかり転換させられる。カオスそのものがコスモスである、という文化も存在する。

凡夫が仏であると気づく

仏と人、この二者の対立項の一元化も仏教において重要な課題となる。通常の生活をしている人間は、容易に仏にはなれない。それには永い歳月をかけた修行が必要であるというのが、仏教界の常識であった。ところが空海は、いま自身が現にもっているその身体のままで仏になることができると説いた。即身成仏《そくしんじょうぶつ》の教えが、それである。

即身成仏の教え

ただ即身成仏という言葉は、竜猛《りゅうみょう》菩薩作、不空三蔵《ふくう》訳の『菩提心論《ぼだいしんろん》』の中に「真言法の中にのみ即身成仏を説き、諸教には説かれない」とある。また不空は「『金剛頂経《こんごうちょうぎょう》』は成仏速疾《そくしつ》の教え」と説き、空海の師である恵果は「金剛界大悲胎蔵両部《こんごうかいだいひたいぞうりょうぶ》は即身成仏の路なり」と述べている。真言密教の第六祖の不空は『金剛頂経』を、第七祖の恵果は「金胎両部《こんたいりょうぶ》」を即身成仏への路という。

空海もこれらの思想を受け継ぎ、帰国直後に朝廷に提出した『御請来目録《ごしょうらいもくろく》』には「一般仏教では成仏に天文学的ともいうべき無限の歳月を要するとされるが、密蔵（密教）では極めて速いことが特色である」と主張している。

だが空海は帰国後しばらくの間は、新しく日本に持ち帰った密教の教えが、「仏に成るのが速い」と成仏のスピードという点を強調するに留まっている。

仏性

一方、帰国後に入京し、時を経ずして書かれた『二教論《にきょうろん》』には、一般の仏教に対する密教の特質について種々述べられている。ところがその中で、即身成仏という言葉が使われているとはいえ、それについての詳しい論述はない。即身成仏思想の構造的な解明に至るまでには、帰国後十数年を経た弘仁の終わりごろに撰述された『即身成仏義《そくしんじょうぶつぎ》』(略称『即《そく》身義《しんぎ》』)を待たねばならなかった。

一般仏教で成仏とは、凡人である個体が修行の結果、それとは別個の個体である「仏に成る」ことと考えられてきた。ところが空海のいう即身成仏とは、自己の中に本来もっている仏《ぶっ》性《しょう》、つまり「仏であるという自己の本質に気づくこと」をいう。

成仏論としては、仏であるという自己の本質に気づくことはインドの大乗仏教では如来蔵《にょらいぞう》思想、中国仏教では本覚《ほんがく》思想として、仏教の歴史のうえで、さまざまな思考が繰り返されてきたが、成仏の速度を速疾とするとともに、その構造の解明にまで及んだ書物は、空海の『即身義』が最初であるといってよいであろう。

即身成仏

『即身義』

即身成仏思想を詳しく解明し、空海独自の思想として展開させたのが『即身義』である。その要点は、最初に掲げられた空海独自の作になる二頌八句《にじゅはっく》の、通常、即身の偈《げ》と言われている詩文にあるとされる。ここではまず原漢文を書き下し文にし、次いで拙訳を掲げる。

六大無碍《ろくだいむげ》にして常に瑜伽《ゆが》なり（体）。　四種曼荼《まんだ》各《おのおの》離れず（相）。
三密加持《さんみつかじ》すれば速疾《そくしつ》に顕《あら》わる（用）。　重重帝網《じゅうじゅうたいもう》なるを即身と名づく（無碍）。
法然《ほうねん》に薩般若《さはんにゃ》を具足《ぐそく》して、　心数心王刹塵《しんじゅしんおうせつじん》に過ぎたり。
各《おのおの》五智《ごち》無際智《むさいち》を具す。　円鏡力《えんきょうりき》の故に実覚智《じっかくち》なり（成仏）。

地《じ》・水《すい》・火《か》・風《ふう》・空《くう》の五大《ごだい》（真理の物質面）と識大《しきだい》（真理の精神面）と、
これらは互いに妨げなく交じり合い、永遠に溶け合い一体化している（本体）。

大《だい》（尊形《そんぎょう》）・三摩耶《さんまや》（法具）・法《ほう》（種子《しゅじ》）・羯磨《かつま》（活動）の四種の曼荼羅は、いずれも真理が形を変えた象徴で、これらも固く結び合っている（姿）。仏と行者の身と口と意の働きが、不思議な力を加え応じ合っているから、印契《いんげい》を結び真言を唱え精神を集中して、成仏の目的は速かに達せられる（活動）。仏と行者の六大と四種曼荼羅と三密が、互いに密接に結びつき、融け合い、帝釈天宮《たいしゃくてんぐう》の珠網《しゅもう》のように無限に重なり合う。その関係を即身という（無碍）。人間も動植物も森羅万象も、あるがままに仏の絶対なる智慧を具えもって、それらの主体となる心、また個別的な心は、限りない塵芥の数を超えている。このような私たちのいかなる心も、もともと仏の五種の智慧に他ならぬ。鏡のように仏智を映すわが心は、真実を覚る智慧を具えて成仏している（成仏）。

一つの真理

要するに物と心は、通常では別個の存在と考えられているが、本来は一つの真理の両面に過ぎない。真理は通常、形を持たないが、四種の曼荼羅として、現実の世界にその姿を現している。

人の身体と言葉と行動は、仏の身体と言葉と行動に他ならない。これらはみな帝釈天宮に張られた網の交差する結び目となる無数の宝珠のように互いに照らし合い、一が他に映り、その他がまた他を照らす。このように無限にかかわりあう世界が仏の世界であり、現世《げんせ》でもある。対立する存在といえども、もともと大宇宙の一つの真理の両面に他ならない。仏の世界も、人間の世界も互いに妨げ合うことなく、融け合って永遠に一つになっている。ここでは、物と心の、通常は二元と考えられている概念が、もともと一元だと主張している。

金胎は対か不二か

金剛界と大悲胎蔵

仏と人、あるいは物と心、これらの相対立する二元項は本来的に一であり不二《ふに》であることが、『即身義』において強く主張されている。不二といえば、さらに二元問題として金剛界《こんごうかい》と大悲《だいひ》胎蔵《たいぞう》の二元についても取り上げねばならない。

もっとも一般には両部の曼荼羅を取り扱う場合、金剛界と胎蔵界のように並称される。しかし、もとのサンスクリット語では、胎蔵界に界の語がなく、正式には大悲胎蔵生《たいぞうしょう》、略して大悲胎蔵ないし胎蔵と称されるので、ここでは胎蔵曼荼羅と呼ぶ。

金剛界曼荼羅は『金剛頂経』、厳密にいえば『初会《しょえ》の金剛頂経』と通称されている『真実摂《しんじつしょう》経《きょう》』に、胎蔵曼荼羅は『大日経《だいにちきょう》』に、それぞれの典拠をもつ。ともに七世紀頃、インドで成立した経典である。

そのうち『大日経』は中インドないし東インドで完成し、ヒマラヤを越え、シルクロードを経て唐の都・長安にもたらされ、善無畏《ぜんむい》と一行《いちぎょう》により漢訳された。

一方、『金剛頂経』は南インドで成立し、海路を通じて長安に届けられ、金剛智《こんごうち》によって四巻本が、その弟子不空《ふくう》によって三巻本が、それぞれ漢訳されている。

而二か、不二か

不空の弟子にあたる恵果《けいか》は『大日経』の胎蔵系と、『金剛頂経』の金剛界系の両系統をともに継承し、両系の法流《ほうりゅう》（教えと行法の伝統）を空海に伝えた。真言宗では伝統的に両部の密教を継承して現在に至っているが、金剛界と胎蔵法、略して金胎両部の密教を対と見なす而二《にに》か、一つとみる不二かによって学派がわかれ、論議されてきた。

しかし空海は金胎両系統の密教を別々に対として継承した体験をもったため、その著作の中で不二であると直接明言した箇所は見当たらない。

空海の意識としては、金胎両部の密教は、その思想も行法の体系も、曼荼羅も同じではなく、両部それぞれ独自性をもつ。両部密教を対と見なしていたとみていいであろう。

ただ空海は『吽字義釈《うんじぎしゃく》』（略称『吽字義《うんじぎ》』）では、もともと『金剛頂経』系の経典によって論を進めている。それにもかかわらず最後に『大日経』住心品《じゅうしんぼん》に説く「三句《さんぐ》の法門《ほうもん》」を付加し、両部を対と意識しつつ、金胎の一体化もはかっている。

こういう点も考慮したためか、空海の法流を継いだ日本密教では、この両部を思想のうえでも、また行法のうえでも不二と捉える考えも現れた。

個と全体

要素還元論の欠陥

近代科学はニュートンの力学法則の発見と、デカルトの二元論の哲学に基づく要素還元論を足場にして、目覚ましい発展を遂げてきた。要素還元論はものごとをそれぞれ構成要素に分解し、それを各々の構成要素の性質に還元することによって、あらゆる事象が説明できるという主張である。

確かにこの方法に基づいて、近代科学は目を見張るばかりの進歩をみたが、二十世紀の後半になって、その欠陥がさまざまな形で現れはじめた。こころの問題を取り扱う精神医学、人間や動植物の生命に関する生命科学、地球を含めて全宇宙を対象として研究する環境科学などの諸分野において、要素還元論では解決できない問題が提起されるようになった。この問題を考える足がかりとして、インドや中国の古代文明に注目が集まっている。

近代科学技術文明は、個の集合体が全体を構成すると考える。一方、東洋の文明には、個の中に全体が凝縮されると考える思想がある。例えば古代インドのウパニシャド哲学をはじめとするヒンドゥ文化、中国では道教、仏教では『華厳経』の哲学、空海の思想、チベット仏教の世界観などの中に、それが見出される。

重重帝網

その全体を詳細に紹介するいとまがないので、先にも簡単に触れたが、華厳の「重重帝網《じゅうじゅうたいもう》」の思想を取り上げる。空海も『即身義』の中核部分にこの譬《たと》えを取り入れ、その他の著作でも利用している。

インドの武神の一人の帝釈天《たいしゃくてん》の宮殿の豪華な天井に、無数の宝珠がきらびやかに飾りつけられており、それぞれの宝珠は綱で相互に結びつけられ、天井いっぱいに光を発し、輝きわたっている。これらを帝網という。そのように天井いっぱいに飾りたてられた珠は、その一つの珠にその他の無数の珠の光が包み込まれ、また包み込まれた無数の光が、他の無数の珠の光を互いに包み込み、無限の光が交錯し合っている。この状態を重重帝網という。全体が個を包み、また逆に個が全体を包み込む譬えとしてよく用いられる。

個の中に全体を包含する思想として、空海では、曼荼羅の諸尊と中央の大日如来との関係が相当する。中央の大日如来とその周辺に位置するもろもろの仏たちは、合わさって一つの曼荼羅が形成される。とはいえ構成要素であるそれぞれの仏は、個々の仏でありながら、中央の大日如来の分身でもある。小宇宙である個々の仏それぞれに、大宇宙を表す大日如来がいる。

個々の人間や生物も、その中に大宇宙を包みこみ、それぞれが独自の活動をなしている。人間・生物の身体は、それぞれの臓器や骨肉の単なる集合体ではない。

地球環境の場合も同様に、個々の事物や生物の個体が単独に存在するのではなく、宇宙全体にかかわり合いをもち、相互に密接に絡み合って成り立っていることに、最近ようやく気づき始められた。

自・仏・衆生の三心

三心平等

空海は都に戻り、高雄山に住し、最澄だけでなく、自己の弟子にも灌頂を授けた。

新来の密教の評価も徐々に固まりつつあった弘仁五(八一四)年頃より、密教を地方に広く宣布しようとする教化活動が始まる。弘仁六年四月二日付けの書簡を、弟子の康守《こうしゅ》にもたせ、東国において仏教の教線を張っていた、陸奥の国の会津に住む、法相宗の学僧、徳一《とくいつ》の許に届けている。

この書簡は通称『勧縁《かんえん》の疏《しょ》』（『性霊集補闕抄』巻九）として知られる。そこでは新しく請来した密教の特色について簡潔に述べられ、経典三十五部の書写が広く縁のある人々になされるよう依頼されている。

この中で空海は師の恵果和尚《かしょう》の言葉として、自心、仏心、衆生心《しゅじょうしん》の三心平等《さんじんびょうどう》の教えを紹介する。

この三心平等の思想は、初めは『華厳経』に現れる。さらにこの三心の三と共通する「三等《さんとう》無碍《むげ》の真言」が『大日経』の密印品《みっちんぼん》に説かれている。『即身義』では、この真言の三に、三心を当てる。三心の考えは、通常いわれる仏と自己との二元に、衆生という他者を挿入することによって、三元の構造に変化させたものである。

衆生の範囲

仏と自己との二元の対立が仏教教学において、しばしば中心課題として論じられるが、そこに衆生という第三項を入れることによって、二元の中に他者性が生まれる。利他を強調する大乗仏教では、一面において当然の成り行きである。ただこの衆生（玄奘以降の新訳では有情《うじょう》）という概念が、インド、中国、日本と地域が変わり、時代の経過によって変遷することにも、一応目くばりしておかねばならない。

インドの大乗仏教では、衆生の中に動植物は含めない。中国では、『荘子』や『礼記』には、衆生という言葉がもともと存在し、老荘や儒教の典籍でも、仏典と同じく「生きとし生けるもの」の意味に使われているが、その中に草木、土石などの植物、無生物は含まれていない。

中国仏教では、最初のうちは動植物のいのちの問題にさほど関心がもたれなかった。ただ七世紀に活躍した三論宗の吉蔵《きちぞう》は、有情の中に植物を含め、草木《そうもく》成仏説を唱えた。それ以降、あらゆる生きものは、すべて仏となる性質をもともと具えているという「一切衆生悉有仏性《いっさいしゅじょうしつうぶっしょう》」論において、衆生の中に植物を含めるか否かについて、種々の議論が交わされている。だが時代が経過して八世紀に活躍した、中国天台宗の第九祖にあたる荊渓湛然《けいけいたんねん》は、有情だけではなく非情《ひじょう》(無生物)にも仏性を認めることになった。衆生の範囲を拡大解釈しているのである。

三種世間と六大説

三種世間とは

自・仏・衆生の三心に言葉として似ていて、内容が少し異なる術語に、智正覚《ちしょうがく》・衆生・器《き》の三種世間《さんじゅせけん》がある。中国の華厳宗の第二祖にあたる智儼《ちごん》の『華厳経孔目章《けごんきょうこうもくしょう》』巻三に初めて出る言葉である。この三種世間という考え方は、空海の著作の中でもしばしば現れる。

智正覚とは仏のこと、衆生とは生きもののことを言い、器とは非情、つまり無生物を指す。『即身義』では、「器世界(間)とは所依の土を表す」と述べられている。つまり山川瓦礫などのいのちをもたないものの世界であり、現代人がイメージする環境世界と理解してよい。

同じ『華厳経』系列の言葉ではあるが、三心説では、仏、人(自己を含む)、衆生の三元であり、三種世間説では、仏、衆生(自己を含む)、器の三元である。この場合、器世間は先に述べたように、非情、つまりいのちをもたぬものを指す。そこで空海は、この三種世間の考えを『即身義』に取り入れ、器世間を含めた世界全体を通じて、物と心の一元化を説く。いわゆる六大《ろくだい》説がそれである。

五大と識大

六大とは、宇宙の物質面を表す地《じ》、水《すい》、火《か》、風《ふう》、空《くう》の五大と、精神面を表す識大《しきだい》であり、これらは無碍《むげ》、つまり互いに融合し一体化しているという。『華厳経』では、山川瓦礫などの環境世界は非情、つまりいのちのない単なる物質であったものが、空海にあっては、いのちをもつものとして取り扱われる。

六大のうち、地、水、火、風の四大は、洋の東西を問わず、世界を構成する要素と考えられていた。仏教ではそれらに空大を加えて、五大を世界の構成要素とする説を立てることもある。

いずれも物質的な要素と考えられている。

それに対して空海は、これら物質的な要素とされる五大に、識大を加えて六大を説く。だが空海はこれら六大を、世界を構成する要素とは見ない。真理をそのまま仏とみる法身《ほっしん》の三摩耶《さんまや》身《しん》、つまり大日如来の象徴と見なす。

この世界は、五大と識大を合わせた六種の構成要素から成り立つわけではない。世界は宇宙の真理の象徴である五種の物質原理と、識という精神原理が交じり合い混然とした融合体である。つまり物と心は別個の存在ではなく、互いに融合し、一体となっていると主張する。「物にも心がある」という考え方が、「六大無碍」という『即身義』に現れた偈頌《げじゅ》(詩文)の中で表明され、その理論的な根拠が説明されているとみてよいであろう。

日本語で「もの」は物でもあり、者でもある。もともと日本では、物と者、ともにいのちの存在を認めてきたようである。物の中にもいのちが存在すると考える文化が、古くから存在したのであろうか。

そういえば日本語の「勿体ない」は、いのちをもつ物の本体の価値を見失った粗末な取り扱いを惜しむことを意味している。

空海の願文にみる成仏の願い

草木国土悉皆成仏

草木、瓦石も仏となる性質をもち、成仏しているという「草木国土悉皆成仏《そうもくこくどしっかいじょうぶつ》」という有名なフレーズは、中国から来たものと思われてきたが、最近の研究では、日本の天台宗の安然《あんねん》の書物が初出らしい。

だが、日本では最澄が、草木成仏の思想をインド以来の非情の成仏論の流れの中で主張した。それに対し空海はこの問題を、非情の成仏論ではなく、法身として時空を超越した大日如来が万物に遍在するという本体論に基づいて主張する。

空海は『吽字義《うんじぎ》』の麼《ま》（ma）字を解釈する箇所において、「法身の三密は瓦石《がしゃく》草木を簡《えら》ばず、人天鬼畜《にんでんきちく》を拓《きら》わず、何《いず》れの処にか遍《へん》ぜざる」と説いている。大日如来の身体と言葉と働きの三密は、瓦や石ころのようないのちのないものにも、草木のような植物にも、鬼や畜生にも、みんな平等に満ちている、という考えは、植物や鬼畜のような生きものにも瓦石のような非情にも、仏となる性質が等しく存在するということである。六大無碍の思想が、ここでも基底をなしていると考えてよい。

成仏への願い

一方、空海の記した願文《がんもん》、達嚫文《たっしんもん》(弔辞)、表白文《ひょうびゃくもん》などの願文類は『性霊集』の第六巻から第八巻までの三巻の中に四十一種が収められている。これらの願文類は、亡者の追善法要、写経、造像、造曼荼羅、祈雨、経典の講讃などの宗教儀礼、および田地の寄進などの善行の功徳を巡らすことを願う文である。

これらの願文には、当然のことながら亡者の成仏をはじめ、施主当体の安寧《あんねい》、福利がまず願われる。続いて天長無窮《てんじょうむきゅう》、天下泰平《てんげたいへい》、万民豊楽《ばんみんぶらく》などの平和祈願が付加されることもある。さらに空海の願文類には、同時代の他の願文類に比して、その文の最後に、その功徳を各種のいのちあるものに回向《えこう》したいという願いが記されている例が目立って多い。

例えば奈良から平安初期にかけて、写経や造像ないし供養の法要の功徳について記された文書が存在するが、空海の願文のように生きとし生ける者の成仏への願いを、これほど繰り返した文献は見当たらない。

物にいのちを認める

水の生命力

森羅万象ことごとくが〝いのち〟をもち、互いにつながるという考えは、日本人の間で古くから持ち続けられてきた。『日本書紀』神代下の冒頭に記されている「復草木《またそうもく》咸《ことごとく》に能く言語《ものいうこと》有り」のように、草木がものをいうという表現を通じて、山や川や海や風などにいのちが存在するという感覚は、かなり古いころから日本人の間で保持されていたとみていいであろう。

日本人にとって、水はH_2Oといった単なる化学物質であるばかりではなく、生命の象徴として日常生活の中に、再生儀礼として組み込まれている。奈良の東大寺のお水取りの儀式は、万物を冬の死から春の蘇りに誘う年中行事である。相撲の水入りも、禊《みそぎ》の神事も、臨終の際の末《まっ》期《ご》の水も、水の生命力による再生儀礼と考えられる。密教の灌頂という儀式も水の生命力を用いて、宗教的に新たな生命が誕生する意味をもつ。

密教では、水のことを閼伽《あか》と呼ぶ。サンスクリット語のarghaの音訳である。しかし閼伽の真言には、その言葉は直接用いられず、それは「虚空の無限の〝いのち〟を具《そな》えもつ存在よ」と呼びかけられているのである。

石ころにもいのちが宿る

二十世紀の初頭、ドイツの生物学者エルンスト・ヘッケルは最初、ダーウィンの熱烈な支持者であった。だが、しだいにすべての生き者と生命をもたない物との相互作用を研究する方向に進み、晩年には無機物もまたいのちであるという考えに到達している。それは、ヨーロッパ社会におけるエコロジー運動の先駆けともいえる。

空海は存在する一切のものは仏の三摩耶身であり、動植物はもとより無機物もまた仏に他ならないと説いた。それは宇宙に存在するものが、相互にネットワークで密接につながり合っているということになる。

山や川、石ころにも神が宿る、いのちが宿ると考えるだけではなく、山や川、石ころそのものが、われわれ人間と同じいのちを共有し、仏であるという意識が環境問題と直結すると言えるであろう。大気汚染に苦しむ街路樹のため息、劣悪化する水質に逃げ場を失った魚の呻《うめ》き、ブルドーザーによって遠慮なく肌身を削り取られる山や土の悲鳴、これらをわが身の苦痛として受け取る感性が、われわれに残されているかどうか、今後の環境問題を論じるとき、一つの分岐点になると私は考えている。

四　自と他

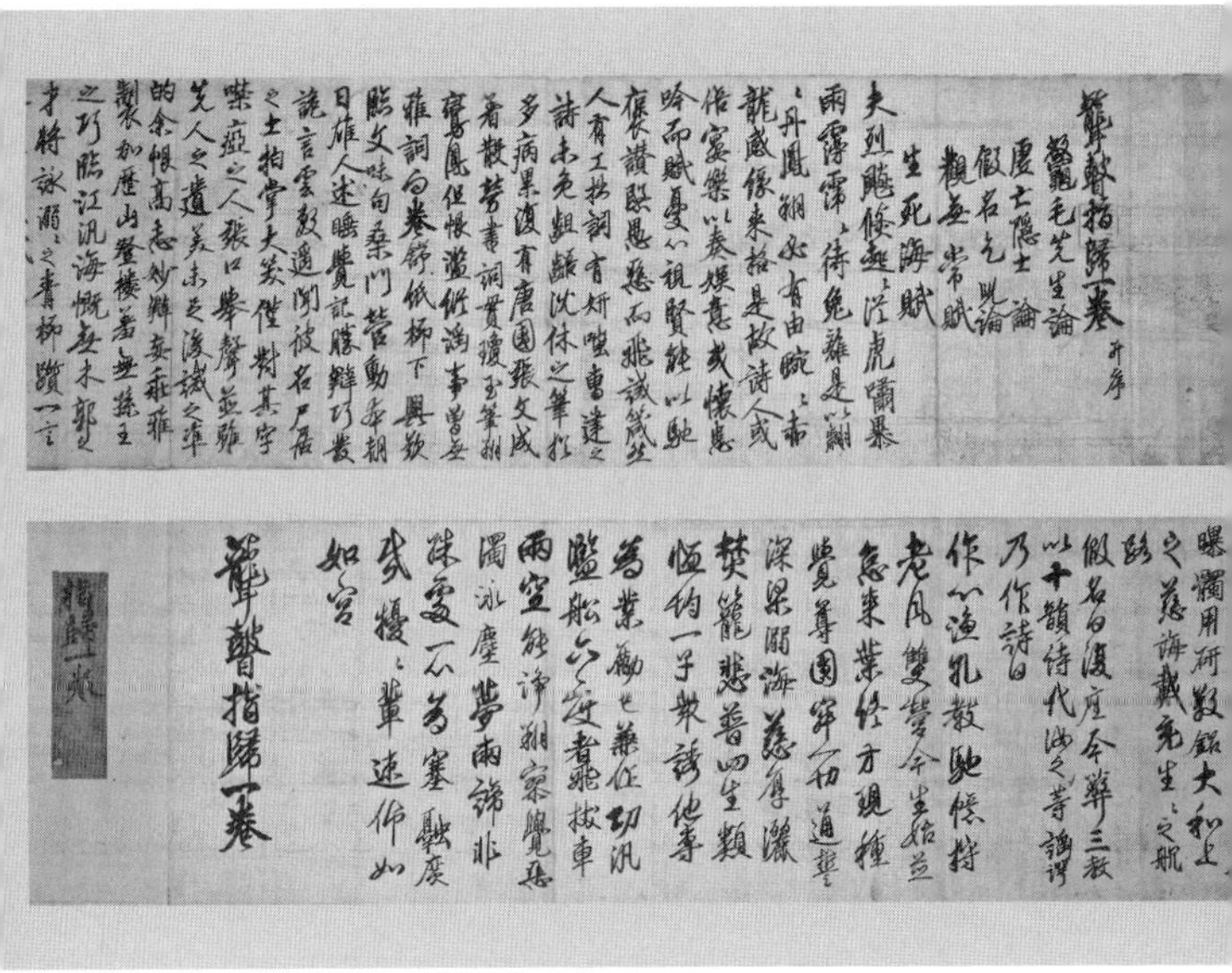

聾瞽指帰（高野山霊宝館蔵）

他者と接する

自と他の関係

人間は、ただ一人では生きることはできない。人間のみならず、地球上に生存している動植物、細菌やウイルスに至るまで、他者からの何らかの関与があって初めて生存が可能となる。地球上だけではなく、宇宙の隅々まで生命の緊密なネットワークで結ばれ、われわれはその中で生かされていると最近では言われるようになった。

これは、なにも現在に限られない。社会生活の中でも、自と他の関係を無視しては日常生活が成り立たない。三十数億年前に地球に生命が初めて誕生したときから始まっていると考えてよい。

つながり

自己と他者とは対立するにせよ、同化するにせよ、その関係性が問題となる。個体Aと個体Bが接触すれば、いろいろな反応が起こることは当然予測される。それらを整理して、最も代表的な事例を挙げれば次の五点になろう。

(1) 同化。個体Aが個体Bを同化し、吸収する。その場合、Bは個性を消失し、Aの中に残る。

同化は日常生活の中では、合併・併合などがしばしば起こる。宗教の場合も、メジャーな宗教が、地域のマイナーな民俗儀礼などを吸収する。

(2) 包摂《ほうせつ》。個体Aが個体Bを包摂する。Bの個性を保持しつつ、一体化する。包摂は、日常生活でもよく起こる事例である。宗教に関する場合、東洋の宗教では通例と言える。その場合、個体Bはその個性を残す。

(3) 排除。個体Aが個体Bを排除する。Bは除外され、Aのみ残る。排除は純粋性の保持には極めて有効であるが、争いの原因となることが少なくない。宗教の場合も、メジャーな宗教が、地域のマイナーな民俗儀礼などを排除する。排除は歴史的にみて、一神教の場合にしばしば認められる。

(4) 一元化。一元化は同化と同じように、日常生活の中では、合併・併合などしばしば起こるが、両者の個性は、優も劣もなく何らかの形で残存する。ただ宗教において、教理のうえで対立する理念を止揚し、一元化する場合がある。その場合、両者のもとの個性は形としては残らない。

(5) 師弟関係。密教の場合に限られる特殊な関係である。これについては、この章の後半でくわしく述べる。

他者との関係性といっても、現実社会における個物と個物、この両者が関係する場合と、思想的な二元の関係を論じる場合との両様がある。

以下には宗教的な理念に関しては自と他の関係性を主として取り上げるが、現実生活に同様の事例があるときには、それを含めて説明を加える。

教判

仏教では教判《きょうはん》といって、宗派相互の間で教理の優劣批判をおこなうことがある。教判とは教相判択《きょうそうはんじゃく》の省略形で、初めは中国仏教でおこなわれ、その形式は日本仏教にも取り入れられ、各宗内でおこなわれた。あるいは朝廷、もしくは幕府など為政者の命で、その論議を公開でおこなうこともあった。

空海の教判論

空海は帰国後、入京して直ちに新しく請来した密教の宣布活動を開始するが、弘仁の初期に、密教以外の仏教を顕教《けんぎょう》と称し、顕密両教の相違を述べる『二教論《にきょうろん》』を撰述し、顕教に対する密教の優位性を表明した。空海にとって、最初のまとまった教判論である。

また天長七(八三〇)年には、淳和帝の要請に応えて、律《りつ》、三論《さんろん》、法相《ほっそう》、華厳《けごん》、天台《てんだい》、真言《しんごん》の六宗がそれぞれの宗派の教判論を製作し、呈上している。これを天長勅撰の六本宗書《ろくほんしゅうしょ》という。このとき、空海は『秘密漫荼羅十住心論《ひみつまんだらじゅうじゅうしんろん》』(略称『十住心論』)十巻を撰述している(内容については次の節を参照)。この十住心論が余りに浩瀚《こうかん》にわたるため、帝からの再度の要請により、それを簡略化したのが『秘蔵宝鑰《ひぞうほうやく》』三巻であるという伝承がある。

真言宗の伝統教学では、『二教論』を横の教判、『十住心論』と『秘蔵宝鑰』を竪《たて》の教判と区別して説明するが、この区分もそれぞれの内容を取り立てて説明するのに、それほど有益な見解とは思えない。

『三教指帰』　また空海は二十四歳の時に、『聾瞽指帰《ろうこしいき》』、それを帰国後に若干加筆した『三教指帰《さんごうしいき》』三巻を著わしている。内容は若き日の空海を投影したと思われる青年の精神遍歴を述べるストーリーで、巻上は儒教の師、巻中は道教の師と出会い、その教えを乞うが、いずれにも満足せず、最終的には巻下において、仮名乞児《かめいこつじ》の説く仏教に惹かれて生涯の指針とする物語である。

儒・道・仏の三教を並べ、その優劣を検討する形式は、すでに中国においておこなわれていたが、『三教指帰』はその形式を踏襲している。

だが、これは教判論とは言えない。自宗の教理を最初から上位に置き、他宗の教理を批判するのが教判である。もとより宗派意識をもたない『三教指帰』は、今日いうところの比較思想論と見なすべきであろう。

ただ空海は、二十四歳で著わした『聾瞽指帰』では三教の教判論の形をとっているが、帰国後にその序文や最後の部分を若干書き直し、題名を『三教指帰』と改め、そこでは儒・道・仏の三教が最終的に一致すると、立場を変えている。この点は後述の『十住心論』の包摂的な密教観と軌《き》を一《いっ》にするものであろう。

多元的な価値観

否定から肯定へ

教判論では他宗の教理の弱点を捉え、自宗の教理の特色を示し、その優位性を強調するのが一般的な方式である。空海も初期の著作である『二教論』において、このような通常の教判論の方式を踏襲している。

しかし、空海の教判論はそれだけではない。他宗の教義を否定しつつ、最後にそれらを密教の立場から全面的に肯定する。

その例は『十住心論』に見出される。ここでは、第一住心の異生羝羊住心《いしょうていようじゅうしん》に相当する傍若無人な人間の心を主題とする最低の段階から、心がしだいに目覚めて道徳心をもち、宗教に関心を示し、仏教の代表的な宗派の教えを順次たどり、最終的には、第十住心の秘密荘厳心《ひみつしょうごんしん》に至る過程が述べられる。

ところがこれらの心の向上の各段階も、第十住心に立って見れば、第九住心以下の下位の心であっても、すべて密教に他ならないという大胆な提唱である。

教判によって一応は劣った思想ないし教理とされても、その段階において、その思想の中に、それまで知られずに存在していた、何物にも代えがたい優れた価値を見つけ出し、その存在意義を取り出して示す。まさに空海による多元的な価値観が発揮された領域である。

表面的に見れば劣った心であっても、密教の目で見れば通常は隠されている相手のすばらしい心の一端を見つけ出す。そのためにはこちら側のもつ、従来の固定した価値観を転換する必要がある。

独自の長所

密教の考え方の基盤には、存在するものすべては、何らかの欠点をもつとともに、たといわずかであっても他者がもたない、独自の長所を必ず具《そな》えもつという見解がどっかと居坐っている。

われわれが他人と交際していると、どちらかといえば相手の欠点にまず目が向かいやすい。

ところが多元的な価値観をもつということは、一見して気づきにくい相手の長所のほうにまず目を向けよ、ということである。

密教では、相手の宗教的な信条、価値観、社会観などが異なっても、それらの異質的な面を取り上げて、排除するよりも、まず相手のもつ異質的な面の優位点を認識することから始まる。

宗教的に優れた指導者は、異教徒と接するときに、相手の信仰を問答無用と頭から排除することなく、そのまま包み込み、そのうえで自己の見解を披瀝《ひれき》する。世界に自己の信条を発信するということは、異なった国家、民族、宗教、職業、性別等の異質性を否定したり、忌避することではなく、それらとの差別を包含し、摂取しつつ自らの独自性を保持することに他ならない。空海はそのことを、現代の私たちの生き方の中に教えている。

包摂と純化

曼荼羅とは何か

異教徒を包み込み、自己の領域内にその居場所を与える。その代表的な例を、密教の両部《りょうぶ》の曼荼羅《まんだら》の中に見出すことができる。では、曼荼羅とは何か。

空海は中国留学より帰国し、まず朝廷に提出した留学の報告書ともいうべき『御請《ごしょう》来目録《らいもくろく》』の中に、「新たに持ち帰った密蔵《みつぞう》すなわち密教は、深玄な教えで、言葉や文字でその内容を表現することはむつかしいが、図画によって一般の人々にわかってもらうことが可能となる」と記している。要するに曼荼羅とは仏の覚りの境地を、わかりやすく絵画で表現したものということができる。

現在、世界に流布している曼荼羅は多種多様であるが、空海がもち帰ったのは、胎蔵と金剛界の二種の曼荼羅である。これを先にも述べたように、両部の曼荼羅と呼ぶ。

胎蔵曼荼羅

胎蔵曼荼羅は原則として『大日経』に、金剛界曼荼羅は『初会《しょえ》の金剛頂経』と通称される『真実摂経《しんじつしょうきょう》』に基づいて描かれたとされる。とはいえ、両曼荼羅ともにチベット密教系のものと中国を経て日本に伝わったものとでは様式を異にする。

われわれがよく見る現図《げんず》曼荼羅は中国を経て日本に伝えられた。そこでは胎蔵曼荼羅は中央の中台八葉院《ちゅうだいはちよういん》を中心に、十二の諸仏のグループによって構成される。中台八葉院では、中央の大日如来を囲む四仏はもともと密教の仏であるが、その周辺の諸院には、大乗仏教で信奉されている菩薩たちや、その最も外側を囲む最外院《さいげいん》には、もともと仏教を攻撃する役割を担っていたヒンドゥの荒ぶる神々さえも取り込まれ、逆に仏教の護法神と化し、仏教を保護する役割が与えられている。あらゆる存在を包摂し、仏教的に意味づけする、つまり純化がなされた象徴が胎蔵曼荼羅であるといえよう。

金剛界曼荼羅

一方、金剛界曼荼羅は縦横それぞれ三枠の九個の方形からなる。中央の枠内が成身《じょうじん》会《ね》で金剛界の三十七尊が描かれる。その下の枠内は、三十七尊の持ち物で描く三昧《さんま》耶《や》会《え》、その左の枠内は梵字で三十七尊を描く微《み》細会《さいえ》、その上で、成身会の左の枠の内が供《く》養会《ようえ》で、三十七尊の活動を描くのが原則である。

これら四枠が、金剛界曼荼羅の基本となる。

智と理

主体と客体

主体と客体は対立する原理であるが、仏教では通常、能《のう》と所《しょ》という二元を表す言葉を用いることが多い。空海は大乗仏教で使用されてきた能と所という言葉も使うことがあるが、能と所に相当する言葉として智《ち》と理《り》という語を用いる。

空海は『即身義《そくしんぎ》』の六大《ろくだい》の能生《のうしょう》、つまり万物を生ずる原理を述べる箇所で、色《しき》（物質）と心《しん》（精神）の二元が、無障無碍《むしょうむげ》つまり何物にも妨げられることなく同体であると説き、次いで「智すなわち境《きょう》、境すなわち智、智すなわち理、理すなわち智、無碍自在なり」と述べている。ここでは智が境と、さらにまた智が理とも同体であることを語っている。

細かい議論は避けて要点だけを述べれば、智は主体で自己、境は客体で他者である。それとともに、また境が智と対置される場合に理は真理を指す。理智の言葉は中国仏教の三論宗でも用いられるが、このように行動を起こす主体としての智、不動で絶対の真理を表す理を、対置させる用例は空海独自の考えと言ってよい。

もともと主客の一体を表す理智という言葉が、空海以後になると、智は金剛界曼荼羅に、理は胎蔵曼荼羅に配せられることになった。もっとも空海は中国において、師の恵果阿闍梨《けいかあじゃり》から金剛界と大悲胎蔵の両部の灌頂《かんじょう》を受け、その法統を継承したが、この両部を並列するものと理解していた。『吽字義《うんじぎ》』の最後、『十住心論』の冒頭に、金胎両部の一元化の試みは認められるが、両部を不二《ふに》と断定した証拠を見出すことはできない。

本来の意図にない議論

後世の弟子たちは、空海の意図を正確にくみ取りえず、理智という二元の原理を、法身の解釈や曼荼羅の性格にまで適用するようになった。すなわち、両部を不二《ふに》と捉えるか、而二《にに》すなわち並列と理解するかが真言宗学では重大問題となり、本来の意図にない議論で混乱を起こす原因となった。その一、二の例を示そう。

高野山は開創時には、金胎二基の塔を建立する予定であったが、資金的な事情もあり、胎蔵の塔である現在の大塔が大きく、金剛界の塔とされる現在の西塔が比較的小さくなり、大塔が中心的な塔と見なされることとなった。そのため本来の胎蔵五仏のうち、中尊の胎蔵大日をそのままにして、周辺の四仏の位置を金剛界四仏の位置に変更し、大塔一基で金胎不二《こんたいふに》を表す配置となって現在に至っている。

また私が日常的に修法する中院流の理趣法の本尊観では、中尊は胎蔵大日、周辺四仏は金剛界と観法し、金胎不二を標榜することになっている。

これらの事例は、空海の意図とはかかわりのないことではあるが、歴史の流れの中での思想の変遷とみるべきであろうか。

師との出遇い

冒地《ぼうじ》の得《え》難《がた》きには非ず、此の法に遇《あ》うことの易《やす》からざる也。

覚りより法との出遇い

これは空海自身が記した、師の恵果阿闍梨の碑文の中での言葉である。『性霊《しょうりょう》集《しゅう》』巻二に収められている。これを初めて目にしたとき、私は極めて大きな衝撃を受けた。

冒地とはサンスクリット語のボージ(bodhi)の音写語で、覚りを意味する。文章全体は「覚りとは、それほど得るのに難しいものではない。それよりもこの法と出遇うことのほうが、思っているほど易しいものではない」という意味になろう。

仏道修行者は、苦しい長期間の修行に耐えて、最終的には何らかの証し、つまり覚りの一端でも得たことを実感しようと懸命の努力を重ねる。修行者にとっては何にもまして、覚りは絶対的な最終目標であるはずである。であるのに、それはさして重大なことではない。それよりも法との出遇いが難しい、とはなにごとであるのか。当然の疑問であろう。

なぜこういう言葉が使われたのか、それを知りたい。いろいろ調べているうちに、その本当の意味がようやくつかみ取れるようになった。この文の直前に「金剛薩埵《こんごうさった》が(大日如来より)密教の法を授けられて以来、師資相伝《ししそうでん》して恵果阿闍梨は第七祖である」とある。空海はインド以来着々相伝された正系の密教を、恵果阿闍梨から直々授かる栄誉を得たのである。

ここでいう「法」とは正系の密教の法統を継いだ「恵果」その人のことである。若いころより山河を跋渉し、道を求めて修行に明け暮れした空海がやっと手に入れたすばらしい師との出遇い、その感激がこの言葉となって表れたのであろう。

師との出遇いがすべて

密教では、良師との出遇いが出発点である。それとともに優れた識見をもち、正統な法統を相承した師匠との出遇いがすべてだといってよい。

『御請来目録』には、師との出遇いを「幸いに」とか、「(長安の)城中を歴《へ》て、名徳を訪うに、偶然として青竜寺《しょうりゅうじ》の東塔院の和尚法諱《ほうのいみな》恵果阿闍梨に遇い奉って」とある。この「偶然として」に対して、『定本弘法大師全集』では、「偶然《ごうぜん》として」と振り仮名をつけている。それは単に「犬も歩けば棒にあたる」の「偶然に」ではないことを示そうとしたものと思われる。

師との出遇いには、両者の間の密接な宿縁《しゅくえん》が関与している。「(唐の国に渡り、恵果阿闍梨と出遇えたのは)来ること我が力に非《あら》ず、帰らんこと我が志に非ず、我を招くに鉤《こう》を以てし、我を引くに索《さく》を以てす。船《ふね》を泛《うか》べし朝には数《しばしば》異相を示し、帆を帰す夕には縷《くわし》く宿縁を説く」と師との出遇いを回顧している文も「恵果碑文」の中に見出すことができる。

師と弟子の宿縁

密教においては、師と弟子の関係は、単なる個と個の関係ではない。偶然のようであって、実はその根底に深い両者のつながり、宿縁が横たわっている。

密教の師弟関係は、師が教壇に立ち、弟子がその許で教えを聞くという構図ではない。師が弟子を選び、弟子が師に絶対的な信頼を寄せ、師が弟子の器、すなわち宗教的な素質を認め、初めて灌頂の秘儀を通じて法が伝授される。

恵果と空海の出遇いは、単に師と弟子との顔合わせといった意味以上のものをもっている。神秘主義的な傾向を多分に有している密教は、宗教体験の深さが常に問題となる。密教にあっては、求道者《ぐどうしゃ》と阿闍梨との邂逅《かいこう》は、その宗教体験の質を左右する決定的な意味をもつものといってよい。

それはなぜなのか。密教において、真理は形而上学的な存在ではなく、常に具体的な事物とか人物の中に存在するとみる。したがって、そこでは師は真理への導き手というだけではない。師そのものが真理に他ならない。この意味において、阿闍梨との出遇いは、求道者にとっては一人の阿闍梨の姿をとって具体的な形で存在する密教の真理、すなわち法との邂逅と見なすべきものである。

真理の世界と直接交流をもつ神秘的な宗教では、頭脳の良し悪し、鋭さと鈍さ、機転の有無、そういった人間の頭の働きに関する事項が、弟子選びの判断基準ではない。本人の求道の志に根ざした人知れずの努力が、おのずから身につく。身心ともに求道に向かい続け、それが宿縁となって良師との邂逅がもたらされる。だから師との結びつきは絶対である。

インドではこのような師をグル(guru)という。重いとか尊重すべき人という意味である。チベット語では、師をラマつまり絶対の人と呼ぶ。師匠に対して絶対的な尊敬を寄せる宗教という意味で、かつて欧米人はチベット仏教のことを、ラマ教と呼んだ。

密教の相承

付法の八祖

神秘的な宗教である密教では、「法」つまり覚りの内容を、文字とか言葉を通じてではなく、師が弟子を選び、その人物に灌頂という儀式を通じて直伝することを本旨とする。そのため法の相承《そうじょう》が重視される。

一般に仏教は紀元前五世紀頃に実在したインドの釈迦牟尼(釈尊)を開祖として、その系統をひき、中国ないし日本で独自の宗派を独立させた開祖から系譜が始まる。ところが密教では、実在の釈迦牟尼ではなく、宇宙の真理を仏と見なす大日如来が第一の祖となる。

真言宗では、大日如来より恵果阿闍梨に至る七祖に、弘法大師・空海を加えて付法《ふほう》の八祖《はっそ》という。これらの八祖のうち、大日如来から不空三蔵に至る六祖の系譜は、不空訳になる『金剛《こんごう》頂瑜伽三十七尊出生義《ちょうゆがさんじゅうしちそんしゅっしょうぎ》』の中に説かれている。それに恵果を加え七祖となったのは空海著の

『秘密漫荼羅教付法伝《ひみつまんだらきょうふほうでん》』(略称『広付法伝《こうふほうでん》』)が最初である。

八祖のうち初祖の大日如来と第二祖の金剛薩埵は歴史上の人物ではなく、密教を授ける授者と、それを受け取る受者の関係にある。この両者の授受の関係は、代々続く。現在でも伝法灌頂の儀式において、伝統を継承した阿闍梨は身心ともに本来の授者である大日如来となり、受者は金剛薩埵になって法を受け継ぐしきたりになっている。

第三祖の竜猛菩薩《りゅうみょうぼさつ》は、大乗仏教において八宗の開祖とされる竜樹《りゅうじゅ》(ナーガールジュナ)と同一人物とされるが、その弟子で第四祖の竜智《りゅうち》(ナーガボーディ)菩薩とともにインド人であるが神話的な人物であり、歴史的な事績については不明な点が多い。第五祖の金剛智(バジュラボーディ)三蔵はインド人、第六祖の不空(アモーガバジュラ)三蔵は中央アジア系のインド人で、ともに密教をインドから中国にもたらし、中国密教の基礎を築いた。第七祖の恵果のみ中国人で、その正系の法を継いだのが空海である。

『広付法伝』『広付法伝』の内容は、初祖の大日如来と第二祖の金剛薩埵を含めて、第三祖の竜猛より恵果に至る七祖の伝記で、それを世に出すことにより、新来の密教を相承した空海の正統性を表明する目的をもつ。帰国直後に朝廷に提出した『御請来目録』に次いで、空海の著書としては最初期の著作である。藤原冬嗣《ふじわらのふゆつぐ》宛の書簡「左大将相公宛ての手紙」

(『高野雑筆集』巻下)にその名が記載されていることにより、弘仁三(八一二)年から七年までの間に撰述されたものと見なされる。

また付法伝としては、その他に、弘仁十二(八二一)年九月六日書の『真言付《しんごんふ》法伝《ほうでん》』(略称『略付《りゃくふ》法伝《ほうでん》』)がある。この『略付法伝』には、『広付法伝』にない善無《ぜんむ》畏《い》(シュバカラシンハ)と一行《いちぎょう》の簡単な伝記が加わる。

この両阿闍梨は胎蔵系の密教の相承者で、『大日経』の漢訳にかかわり、その注釈書『大日《だいにち》経疏《きょうしょ》』を著している。

許しを願う

他人の贖罪を願い出る

人間関係にあって、何か願いごとをする、とりわけ何か不始末をしてその許しを乞う、そのような事態に遭遇することがしばしばあろう。そのようなとき、空海がどのように対処したか。そのような事例が、ただ一つだけ残されている。しかしそれは空海自身のことではなく、他人の贖罪を願い出た文である。『性霊集』巻四に収められている「僧中璟《ちゅうけい》が罪を赦《ゆる》されんと請う表　一首」がそれである。

元興寺の僧である中璟が官女に艶書を渡した罪を問われ、罰せられるのを避けるよう願い出た文で、誰かを介して依頼されたのか、空海が直接この僧と交際があったのか、詳しい事情はわからない。

当時の司法手続きは不明であるが、僧の破戒の罪は僧伽《そうが》の中で判断されるのではなかったようで、直接、嵯峨帝に上申した文になっている。

願いの文は、まず嵯峨帝の仁徳が高邁《こうまい》であることを讃えることから始まる。

相手の人徳を讃える

空海の願いの文は、まず願い出る相手の人徳に関して言葉を尽くして賞賛することから始まることが多い。

当時の習慣であったのか、それとも空海の特別な文才の致すところなのか。例えば空海が遣唐使船に乗り、中国留学に旅立ったとき、海上で嵐に見舞われた。そのため予定しない遥か南の福州の海岸に漂着したが、その折に、遣唐大使の藤原賀能《かのう》に代わって書いた「福州の観察使に与うる書」が『性霊集』巻五に残されている。

大唐国の聖天子の徳が四隣の国々に及び、それらの国々が貢物を献じ、その徳化を慕い集まり来ることを讃え、自分たち遣唐使の船が大嵐に遭遇し、ようやくこの地にたどり着くことのできた経過を説明し、自分たちがどのような意図をもってこの大唐国を訪れたのか、理を尽くした格調高い文で綴られている。

その他にも、このような例が少なくない。なにごとかを願い出るときの常套句であったのかもしれないが、現在でも参考にすべき点が少なくないようだ。

本人を新たな道に

嵯峨帝への上表文でも、「中環の罪はそれ相応の刑罰を受けるに相当するでしょうが、中国の天子の中には、緩刑《かんけい》をもって徳を積んだ方がたくさんおいでになる」とその例を挙げ、「罪は罪で罰し、功ある者には賞するのが名君の習いであります」と先進国である唐の国の中でも、徳のある君主といわれる帝王の治世について述べる。

次いですばらしい名文句が出てくる。

冬天《とうてん》に暖景《だんけい》無くんば、梅麦《ばいばく》何をもってか花を生ぜん。

「どのような厳冬であっても、わずかな温もりがあってこそ、春になれば、梅や麦が芽を出し、花を咲かせることができます」

過《とが》を恕《ゆる》して新《あらた》ならしむ、之《これ》を寛大《かんだい》と謂《い》い、罪を宥《なだ》めて贓《ぞう》を納《い》るる、之を含弘《がんこう》と称す。

「犯した罪を赦して新たな道に就かせることを、寛大と申します。罪は罪として胸に収めて再出発させることを、含弘と申します」と述べ、中璟の罪をお許しくださらないでしょうかと帝の徳にすがり、赦免を願い出ている。

厳しく断罪するよりも、犯した罪を飲み込んで、本人を新たな道に進ませる、このような包摂の方法もあることを、この上表文は物語っている。

僧尼の堕落について

十四の問答

仏教が日本に伝来してからほぼ二世紀半、九世紀の初めの空海の活躍したころには、僧尼の堕落が世人の目に余っていたらしい。律令政府からも、たびたび僧尼の非行についての禁令が出されている。

名のある寺院に所属する僧でも、前述の中璟のように非行が問題となっているが、当時、律令政府の統制の及ばぬ数多くの私度《しど》の優婆塞《うばそく》(宮許を得ずひそかになった僧)や優婆夷《うばい》(同様の尼)がいたようである。これらもまた僧衣をつけていたので、一括して僧尼と呼ばれていたとも考えられる。
『秘蔵宝鑰』の第四住心の冒頭に、十四の問答が挿入されている。儒教を軸とする当時の社会倫理の中で、世俗を代表する人物の代表として憂国《ゆうこく》の公子が質問し、それに対して、空海自身が想定される玄関法師《げんかんほうし》が答える形式をとる。

最初に提出された憂国の公子の質問は、以下になる。

「歴代の帝王や政府の役人、また庶民が仏教を手厚く保護してきたのは国家を安らかにし、庶民の救済を求めるからです。

目に留まらないことに

それにもかかわらず現在私の知る限りでは、僧尼は頭髪を剃ってはいますが、己の欲望を剃ってはいません。衣を染めていますが、心を善いことに染めようとはしません。その反対に、僧尼が学ぶべき戒律と禅定と智慧をしっかり身につけている人はほとんどいません」

「そのために釈尊の遺風は衰微し、仏道は破滅しています。それが原因で日照りや大雨などの天災がしばしば起こり、疫病も毎年のように流行しています。政道が乱れ、人々が塗炭《とたん》の苦しみにあっているのは、もとはといえば、僧尼の振る舞いが道を外れているからに他なりません。

このような事態を改善するには、この際、一切の出家や得度を差し止め、僧尼に対する経済的な支援をすべて打ち切ってしまうしか方法はないのではありますまいか」

このように、きわめて手厳しい批判の矢が放たれてきた。

以上のような峻烈な仏教批判に対して、玄関法師が答える。当時の先進文明国である中国のいろいろな古典から、故事を引き合いに出して対応する点は空海の特徴がよく出ている。

十四の問答を一つ一つ取り上げる紙幅に乏しいのでそれらの答えを要約すれば、現実社会においては、ややもすれば悪や劣のほうに人々の目が向かいやすいが、よく観察すれば、賢人や人格に優れた人は、世の中に居ることは間違いない。中国ではそのような人は少なからずおられると、例をいくつか取り上げる。仏教においても修行に専心している行者は大勢いるのだけれども、並みの人の目にはつきにくい。あなたの目には留まらないからといって、それだけの判断で仏法を絶やしてよいなどと軽々しくいうべきではない、と答える。

仏教のすばらしさ

次いで憂国の公子は、世人は世のため人のために働いているが、僧尼は修行の名目で無為徒食して、国家の役に立たないではないか、と批判を加える。

それに対しては、あなたが非難するような無為徒食の人はむしろ世間にも大勢いるではないか、中国でも、国家の役に立たぬ人々がいくらもいるが、忠臣や傑物《けつぶつ》、優れた人も数多くいたと個別の例を挙げる。このような優れた人が今の時代に、われわれの身近におられるのならば、なぜ耳に入ってこないのか。あなたは僧尼のわずかで粗末な衣食を非難するが、在俗の人々の限りない無駄遣いをどうして検討してみようとしないのか、と答える。

さらに、僧尼は限りない功徳をもたらす仏法を説き、人々の安寧《あんねい》を願い一鉢の粗食に甘んじ、法のために身を日夜捧げているから、国家や社会の恩に応えないわけはなかろう、と反論している。

僧尼の非行のせいで、天災や疫病が流行するという考えは正しくない。中国では古い時代から天災や疫病が起こっている。その時代にはまだ仏教が伝わっていなかった。それらを仏教のせいにするのは理にかなっていないと、理詰めで答えるところもある。

それでは仏教についてもう少し聞きたいという問いには、仏教には顕教と密教があるとして、それぞれについて簡単な説明を加える。

また王の法律、つまり在俗者のための国法と、仏教の戒律は、互いに内容は異なっていても、それらの意図するところは通じ合っている。仏教でも世俗の法でも、法の精神に則って処置すれば、その利益は大きく、逆に法を曲げ、私心に頼って判断すると、その報いは極めて重い。世間の人はこの道理を知らず、私情のままに判断すべきではないと、世人に警告を発している。

僧尼がいるから仏法は絶えることはない。仏法が存在するからこそ、人々が真理に対して目を開くことができる。人は目が開いていて初めてまっすぐ真理に向かい正しい道に進むことができる。正しい道を歩むから心に安らぎが生まれる。それだけではなく、その人には諸仏がどこでも手を差し伸べ、諸天も擁護してくれる。このように仏法の利益は極めて大きいと、積極的に仏教のすばらしさをもって諭す。

最後の第十四の問答では、善悪、正邪が交じり合う現実社会において、僧尼の間に、仮に非行、乱行があっても、仏法の偉大さは過去現在未来を通じて変わりがないと説き、問答は終わる。

欠点の中の長所

ここでは直接的には説かれてはいないが、懐疑的な目で見れば、欠点ばかり目につき、否定的な観点ばかりが表立つ。

それよりも欠点と見えるものの中に、逆にかけがえのない長所を見つける目を自らが育てる、そういった積極的な観点を養うことの大切さを語る、密教独自の思想が通底しているように思える。

心と環境

夫《そ》れ境《きょう》は心に随《したが》って変ず。心垢《しんけが》るるときは境濁《にご》る。
心は境を逐《お》って移る。境閑《しず》かなるときは心朗《ほが》らかなり。
心境冥会《しんきょうみょうえ》して、道徳玄《どうとくはるか》に存す。

（『性霊集』巻二）

宇宙の真理に包まれて

空海が下野《しもつけ》に住むまだ面識のない沙門勝道《しゃもんしょうどう》のために、伊博士公を介して文を依頼され、弘仁五（八一四）年に書き送った「沙門勝道　山水《さんすい》を歴《へ》て玄珠《げんじゅ》を瑩《みが》く碑」と題する碑文がある。

ここに掲げた文は、沙門勝道が日光の補陀洛山《ふだらくせん》の山頂に登山を志し、二度失敗し、ようやく三度目の登山に成功した快挙を讃えた、その碑文の序の一部である。

人跡未踏の高山に満ち溢れる深厳な雰囲気の中で、俗世の汚濁にまみれた人の心もさっぱり拭い去られ、また長年の心願がかない、ようやくたどり着いた頂上では、森閑《しんかん》とした神秘の気配がおのずから醸し出される。人の心と環境が一体となって、宇宙の真理そのものに包まれ恍惚となる。このような困難な山登りには、勝道が自らの覚りを達成するという遠大な心願が込められているとも、その中に記されている。

自身の心のもち方

自身を取り巻く環境（境）は、自身の心のもち方によって変わる。心が汚されておれば、環境のほうも好ましくない状態になる。一方、心も環境によって変化する。環境が穏やかであれば、心も晴れ晴れするようになる。このように自分の心とそれを取り巻く環境とは、もともと一体のものである。こういう世の中の奥深い定めは、遥か太古から未来永劫にわたって存在し続けている。

先に述べた『秘蔵宝鑰』の第四住心の十四問答においては、世の乱れの中では、人心の荒廃もやむを得ぬことであるという、弁解じみた問答が見られたが、ここでは境閑《しず》かなるときは心朗らかであるとともに、環境は自身の心のもち方によって変わるものだ、と断言している。

人間に与えられている環境は、現実においては、誰でもさほど十全なものではないのではなかろうか。完璧に恵まれた環境の下に生活できる状況は理想ではあるが、現実的ではない。一人残らず何らかのマイナス面を抱えながら生きている。経済的に、健康の面で、社会的に、いずれか、あるいはいくつかのハンディキャップを背負いつつ、それぞれの仕事に立ち向かっているというのが実情であろう。

例えば病にかかる。それはまず負のイメージで受け止められやすい。だが病も逆に、生きる「いのち」の一部分であると捉える。プラス思考である。すると心の騒ぎが、いつとはなしに収まる。

永年の友人F氏から最近『生老病行旅』と題する句集が贈られてきた。その中に目にとまった次のような一句があった。

「病葉《わくらば》や　病むも生命《いのち》と安堵せり」

病葉とは、青々と茂る樹木の下に落ちた半ば枯れた葉のことで、夏の季語である。身に振りかかった病の負の面の重さを、心でプラスに変える生き方と言えるであろう。

五　読み替え

阿字の軸(金剛峯寺内，阿字観道場)

深い意味の読み込み

深秘釈

空海の著書の中で、特色ある思想としてまず挙げられるのは、深い意味の読み込みである。ある存在、ある思想に対して、一般とは異なる特殊な解釈を与える。その場合、一般的な解釈を浅略釈《せんりゃくしゃく》、深い意味の読み込みを深秘釈《じんぴしゃく》という。ものごとや言葉・文字に対する皮相的な理解と、本質的な理解と言い替えてもよい。

密教とは、秘密仏教を略した言葉である。

秘密とは何か。『二教論《にきょうろん》』巻下に「いわゆる秘密に且《しばら》く二義あり。一には衆生の秘密、二には如来《にょらい》の秘密なり。衆生は無明妄想《むみょうもうそう》を以って、本性の真覚《しんがく》を覆蔵《ふくぞう》するが故に、衆生の自秘《じひ》という」と説かれている。

衆生の自秘

秘密という言葉は、現在では他人は誰も知らない、あるいは他人には知らせたくない、自分だけのもの、という意味で用いられている。しかし密教では、何も惜しくて隠しているのではない。じつは、すべて公開されている。だが衆生《しゅじょう》は自己の能力が劣っていて、物事の真実の姿が見えていない。だから秘密になっているに過ぎない。衆生の自己責任で見えないだけのこと。それを衆生の自秘という。

ものごとや文字・言葉の中の深い意味を読み取ることができるかどうか。それは相手が物惜しみで隠しているのではなく、こちらの能力の向上度合いによるということである。

如来の秘密

如来の秘密とは、仏の覚りの内容が一般の言葉では解き明かせないから、秘密になっているだけで、如来が秘密を教えるのを渋っているのではない。衆生の宗教的な能力の向上によって、如来は秘密事項を解除する。如来は惜しくて秘密にしているのではないから、教えられるほうは自己の能力を高めて待つ。如来の秘密をわがものとするには、それしか方法はない。空海の見解を参照するのも、一つの手がかりとなる。

空海の著作はいたるところに、言葉や文字の読み替えがあって、それが特色となっている。難解なところもあるが、ここではその代表的な事例のみ取り出して、紹介することにする。全般を網羅するものではないことを、あらかじめ断っておかねばならない。

その手始めとして、

(1)　文字の読み替え
(2)　文章の読み替え
(3)　思想の読み替え

以上の三通りにわけ、個々の代表的な事例を検討してみよう。

文字の読み替え

六大

空海は『即身義《そくしんぎ》』において、独特の六大説を掲げ、その理論的な根拠を示した（第三章）。世界が地大、水大、火大、風大の四大、あるいはそれに空大を加えた五大からなるという思想は、洋の東西を問わず古くから存在する。大乗仏教経典にも、それにさらに識大《しきだい》を加えた六大の名前だけは見出される。この場合に「大」は大種（mahābhūta）の略で、構成要素という意味になる。

『即身義』における六大説の、従来の思想に対する特異性は、二点ある。

その一は、その「大」が世界を構成する物質的な要素ではなく、如来の三摩耶身《さんまやしん》、つまり法身である大日如来のシンボルであると断定する点である。

諸々の顕教の中では、四大等を以って非情《ひじょう》（生命のないもの）と為す。密教では則ち此れを説いて如来の三摩耶身と為す。

宇宙全般の森羅万象を体とする法身大日如来は、地大、水大、火大、風大、空大という物質的な側面と、識大という精神的な側面を併せもつ。そして、この六大は全体性、普遍性を保持する宇宙の森羅万象の、六種の個別的なあり方を示す、と読み替える。

もともと初期のインド仏教において色法《しきほう》(存在物)を構成する四種の要素、ないし元素として用いられていた四大種の言葉を引き継いで、空海は独特の内容をもつ六大説を樹立した。六大という語は、前述のように中国の仏教経典や論書の中には見出せるが、六大に単なる要素ではなく、このような全体性を含む意味を込めたのは、空海が最初である。

その二は、六大説の典拠となる『大日経《だいにちきょう》』には、五大しか説いていない。それでは識大の典拠をどこに求めるか。

空海は、『大日経』の悉地出現品《しつじしゅつげんぽん》より引用した、五大に関する偈頌《げじゅ》(詩文)の最初に現れる「我れ覚る」に金剛界の種子《しゅじ》の hūṃ 字を当て、それを識大として読み取ったことである。あるいは同様に『金剛頂経』系の『三摩地軌《さんまじき》』に説かれる「諸法」を心法と見なして、それに識大を当てる。経典の中にある「覚る」、「心」、「識る」、「智」をすべて認識作用と見なし、識大に当てるわけである。

このように典拠として掲げた経典の中の文字を読み替えて、独自の六大説の検証とする。一見して強引とも思える手法を通して、自説を補強する点では、お見事という他はない。

加持

加持《かじ》といえば通常は〝お加持〟という言葉が浮かんでくる。何か病気にかかって、お医者さんが首を傾げたりしたときに、霊力のあるお坊さんにお加持してもらうと、治ったなどという。だがここでいう加持は、そのことではない。

加持という語は、初期の仏典から、大乗の仏典までよく出てくる言葉である。サンスクリット語では、アディスターナ(adhiṣṭhāna)という。加被《かび》とも訳される。sthā(立つ)という動詞の語根に、adhiという強意を表す接頭詞をつけた言葉を名詞化したものである。立っているものに何らかの力を及ぼす意味から、超自然的な力を加え、何らかの変化をもたらすという意味にも使用せられるようになった。

空海はこの「加持」という語に対して、独自の解釈を与えた。

「上《かみ》、高祖《こうそ》、法身大毘盧遮那如来《ほっしんだいびるしゃなにょらい》より、下《しも》、青竜阿闍梨《しょうりゅうあじゃり》に至るまで嫡嫡《ちゃくちゃく》相続して今に迄《およ》ぶまで絶えず。斯《こ》れ如来の加持力の致す所なり」(『広付法伝《こうふほうでん》』巻一)。この場合の加持は、如来から何らかの不思議な力が加わることをいう通常の用例である。

一方、それとは別に、「加持とは、如来の大悲と衆生の信心とを表す。仏日《ぶつにち》の影、衆生の心《しん》水《すい》に現ずるを加と曰《い》い、行者の心水、能《よ》く仏日を感ずるを、持と名づく」と説く(『即身義』)。

ここは加持という、サンスクリット語では一語であったものを、加と持に二分する。そして、加は如来からの働きかけの力であり、持は衆生がそれを受け止めるというような相互関係の言葉として理解されている。

空海の加持に対する独自の解釈として、この用例はしばしば取り上げられるが、それだけではない。次のような重要な解釈もあることを、付言しておかねばならない。

「加持とは、古くは仏所護念《ぶっしょごねん》と言い、又は加被と言う。然れども未だ委悉《いしつ》を得ず。加は往来《おうらい》渉入《しょうにゅう》を以て名と為す。持は摂《せつ》して散漏《さんろう》せざるを以て義を立つ。即ち入我我入《にゅうががにゅう》、是れ也」(『大日経開題』法界浄心本)。

このように加持という語のうち、加とは、仏と行者が互いに混じり合うことで、持とはその混じり合いを維持することであって、行者と仏との入我我入、つまり観法における仏と行者との一体化を指す。

この解釈は、「三密加持すれば、速疾《そくしつ》に顕わる」と『即身義』に説く、この「加持」につながる。

われわれ人間の身体(身)と言語(口)と心(意)、これら身・口・意の三種は通常は煩悩に汚染されているので、三業《さんごう》という。ところが覚者(仏)の目で見れば、いずれも本来清浄であるため、この三業を三密《さんみつ》と呼ぶ。

世俗の世界にある衆生の身・口・意の三業と、仏の身・口・意の三密は本来的には一体であり、互いに入我我入し合っているから、凡夫《ぼんぶ》が即時《そくじ》に成仏している、つまり即身成仏が成り立つ。加持とはこの入我我入であると、空海は加持の内容を独自の思想でもってさらに展開させているのである。


「仏界の文字は真実なり。故に経（『金剛般若経《こんごうはんにゃきょう》』）に、真語者《しんごしゃ》、実語者《じつごしゃ》、如語者《にょごしゃ》、不誑《ふもう》語者《ごしゃ》、不異語者《ふいごしゃ》と云う。此の五種の言《ごん》は梵には曼荼羅《まんだら》と云う。此の一言の中に五種の差別《しゃべつ》を具するが故に、竜樹《りゅうじゅ》は秘密語《ひみつご》と名づく。此の秘密語を則ち真言《しんごん》と名づくなり」（『声字義《しょうじぎ》』）。

漫怛羅と曼荼羅

ここは真実語、真言、秘密語を取り上げている箇所である。

すると「此の五種の言は梵には曼荼羅と云う」の「曼荼羅」は、理に合わない。古くからこの曼荼羅は、音の似通った漫怛羅《まんとら》の写誤ではないかという意見が少なからず提出されている。近代のサンスクリット語に堪能な学者も、写誤説に加担してきた。

『声字義』のこの箇所は『大日経疏《だいにちきょうしょ》』巻一、住心品よりの引用文で、そこでは「梵に漫怛羅と曰《い》う。即ち是れ真語、如語、不妄、不異の義なり。竜樹の釈論には、之れを秘密号と謂う」

とある。原本は「マントラ」である。

だが『声字義』に現れる「曼荼羅」は、マントラの写誤ではない。言語の問題を取り上げている箇所で、空海が意識的に漫怛羅を曼荼羅と読み替えたという説も、江戸期から現代に至るまで提示されていることにも目を止めよう。

『十住心論《じゅうじゅうしんろん》』巻十には、「真言とは且《しばら》く語密に就いて名を得《う》。若《も》し梵語に拠《よ》らば曼荼羅と名づく」の文を見出すことができる。ここでは真言、すなわちマントラが曼荼羅と翻ぜられている。ただし空海の著作の中で、真言を漫怛羅と記す例は『大日経開題《だいにちきょうかいだい》』中に三本存在するが、いずれも偽作の疑いが持たれているので、一応これらは除外する。

以上のような用語例から考えると、空海は真言のことを、意図的に曼荼羅と表現したと考えることも可能である。漫怛羅という一語を、密教の観点から、曼荼羅と読み替えたのである。

空海の著作である『広付法伝』の正式名称は『秘密漫荼羅教付法伝』、『十住心論』は『秘密漫荼羅十住心論』である。空海が真言密教を、「秘密曼荼羅教」と理解していたと見なすことも可能であろう。

このような考えによれば、マントラの本質にある言語は、単なる言葉ではなく曼荼羅であり、密教そのものであるということができる。

次にあげるのは、『吽字義《うんじぎ》』の中の、阿字の字相《じそう》、つまり表面的な意味を説明する箇所である。

阿字

阿字《あじ》の義と者《は》、訶字《かじ》の中に阿の声《しょう》有り。即ち是れ一切字の母《も》、一切声の体、一切実相《じっそう》の源なり。

阿字の字相を説明するために、訶(ha)字を取り上げ、サンスクリット語の子音にはすべて母音の阿(a)字が含まれているから、阿字は一切の字の母であるとする。また発音する時には、すべての発声には、aの音が含まれているから、阿字は一切の声の基体をなすとされ、サンスクリット語では、阿字が一切の字と声の基体となることを説く。

ここまでは『大日経疏』巻七からの引用である。

ところが空海は『吽字義』の中のこの『大日経疏』からの引用文に、原文に存在しない第三の句「一切実相の源なり」を付加した。この付加を通じて、阿字はすべての声や文字の基体であると同時に、一切の存在の源、つまり真理そのものであるとまで言い切っているのである。

ここは、阿字が本不生《ほんぷしょう》、つまり本来的に生じたり、滅したりするものでない、永遠とつながる真理であることを説く箇所であるから、原典にない句を挿入し、阿字の真理性を強調する意図をもっていたのかもしれない。

また、「心王《しんのう》・心数《しんじゅ》」を、顕教における、心の主たる働きと、心の副次的な働きという意味ではなく、五智・五仏とその周辺の諸尊というように読み替える見解も披瀝《ひれき》されている。その例は『十住心論』巻十に見出される。

「一一《いちいち》の字門の五字は即ち各各門の五仏五智なり。是《か》くの如くの五仏其《そ》の数無量なり。五仏は即ち心王なり。余尊《よそん》は心数なり。心王、心数其の数無量なり」

その他にも仏教教学において伝統的に用いられてきた用語を、密教的に読み替えた事例が数多くある。後述の箇所においてこれに関連する場合は触れるが、読み替えの単語に関してはこれで一応筆を措いて次に進みたい。

文章の読み替え

法身仏の説法

法身仏《ほっしんぶつ》は説法しないということが、中国と日本の仏教界では常識として考えられていた。ところが密教では、法身が説法をするという主張が、特色の一つとされる。

空海はその根拠となる既存の仏典を提示することによって、仏教界一般の承認を得る必要があった。

空海は最初期の著作の一である『二教論』巻下において、菩提流支《ぼだいるし》訳の『楞伽経《りょうがきょう》』巻第二の、「法仏の報仏は、一切法の自相同相《じそうどうそう》を説くが故に」を引用して、法身仏は説法するという主張の論拠とした。「法仏の報仏」という主語は曖昧で、この点については、第六章において詳しく取り上げる。

ここではその意味を確かめるために、『楞伽経』のサンスクリット文の当該箇所を参照すると、「法性、つまり真理そのものから現実化した仏(dharmatā-nisyandabuddha)」となっている。これは密教でいう法身ではない。密教でいう法身とは、真理そのものを身体とする仏のことをいう。

しかし、空海自身はこの経典のサンスクリット文を見たわけではない。漢訳経典の中に、法仏の説法に類する文章を見つけ出し、それを法身説法の典拠の一としたのである。

法身説法の論拠

次いで『金剛頂五秘密経《こんごうちょうごひみつきょう》』(略称『五秘密経《ごひみつきょう》』)から、法身説法の論拠を取り出しているが、この経典はもともと密教経典であるから、論拠とするにはその比重は重くはない。そのためか、最後に『瓔珞経《ようらくきょう》』からの引用文によって信用度を高めようとしたかに見えるが、現存の『瓔珞経』にはその文が欠けている。そのため現代においては真偽を確かめようがない。

空海自身は長安の都の青竜寺において、師の恵果阿闍梨から両部の密教の相承《そうじょう》を得て、密教における法身説法を確信していた。だが、仏教界からも同意を得るため、特異な仏身論を展開するのであるが、その詳細は第六章に譲る。

思想の読み替え

一般の仏教界の常識を正面から突破し、独自の思想を持ち込む場合もしばしば見られる。ここでは、その代表的な二つの事例を紹介しよう。

汙の字義

その一つとして、『吽字義』の汙《う》(ū)字の字義について論ずる箇所を取り上げる。『吽字義』では、吽(hūṃ)という基になる悉曇《しったん》の文字を、阿《あ》(a)、訶《か》(ha)、汙《う》(ū)、麽《ま》(ma)の四文字に分割する。そしてそれぞれの文字の皮相的な意味と、本質的な意味とを明らかにし、それらが最終的には、密教独自の奥深い思想に帰着するという手法を用いた論述が主題である。

サンスクリット語では、一つの単語の先頭の一文字、まれに中間の一文字を以《も》って、その単語がもつ意味全体を凝縮して所有するという約束ごとがある。こういった取り決めはサンスクリット語に特有で、漢字や日本語にはない。例えばha字はhetuつまり因という言葉の頭文字であるところから、ha字はその一字だけで、因という意味を表すとされる。

ここで例示するのは、汙字の字義、すなわち本来の意味の問題である。

汙字はものごとの否定的な、あるいはマイナス面を示すūnaというサンスクリット語の頭文字であり、漢訳では損減《そんげん》と訳される。

訶字は文字自体が因という意味を表すとされるが、訶字の損減とは、現実に存在するものすべてが、その原因を突きとめていけば、最終的な原因は把握しえないということを表している。このことを『吽字義』は、次のように説明している。

「現実に存在しているものは、その原因をいくら探してみても、次から次へと原因が存在して、その原因は絶えず変化し続けていて、もともとこれといった原因は存在しない。（中略）存在するすべてのものには、もとになる原因など存在しないということを知るべきである。（中略）

要するに存在するものは、すべて心の働きに過ぎない。その心の本来の姿というものは、他ならぬ仏の絶対智である。ということは、仏の目から見れば、現実に存在するものこそ、真実の世界である」

われわれは、ともすればものごとの原因を深く突きとめていけば、最終的に真実に行き着くと考えがちであるが、現実世界がそのまま真実世界に他ならないということに気づくことが必要であるという。したがって、そこでは損滅といった否定的な考え方は不必要となろう。

損滅とは

損滅について述べる箇所で、この言葉を六種の方向から解説する文がある。具体的な例を取り上げているので、その最初の一つを紹介しよう。

仏教では釈尊の時代から大乗仏教に至るまで、数多くの教説の中には、一般によく知られている成句も多い。例えば、「諸行無常《しょぎょうむじょう》」、「諸法無我《しょほうむが》」、「一切皆苦《いっさいかいく》」、「一切皆空《いっさいかいくう》」などは、仏教の教えを簡潔にまとめた成句として広く知られている。

これらの成句はいずれも現実に生活している者にとっては、現状の生活態度を程度の差はあれ、否定する意味をもつ。仏教の教えとしては当然のことと言えるであろう。あなたの現在の生活の中に、いくつもの不如意《ふにょい》のことがあるのは、あなたの生き方のこういう点を改善する必要があるよという警句にもなる。

損滅、つまり否定の意味をもつ用語の六種の例示の中で、真っ先に挙げられたのは、一般にもよく知られている、仏教の教義の代表ともいうべき次のような四種の成句であるのも当然のことと考えられる。

「諸行無常」と言えば「祇園精舎《ぎおんしょうじゃ》の鐘の声　諸行無常の響きあり。沙羅双樹《さらそうじゅ》の花の色　盛者必衰《じょうしゃひっすい》の理《ことわり》をあらわす」を思い出す。『平家物語』の冒頭に出る、多くの日本人の間ではよく知られた句である。「奢れる人も久しからず　ただ春の夜の夢の如し」。日本の武家きっての名家である平家の栄枯盛衰を思い起させる句でもって、諸行無常の意味が多くの日本人に知られてきた。

「諸法無我」とは、現実に存在するものには、特別な我《が》が存在しないということである。物や事にはすべてなんらかの独自の我が存在するという常識を否定する。自我の尊重を誤解し、「俺が俺が」のエゴの「我」にこだわる日常生活の愚かさをついた警句である。

「一切皆苦」とは、人間が生きていくには、どうしても避けられない苦が四種ある。それは生・老・病・死の四苦である。

「一切皆空」は、大乗仏教、とくに中観派において説かれる。普通には、一切皆空でなく、涅槃寂静《ねはんじゃくじょう》が取り上げられることが多いが、ここではテーマに合わせて否定的な意図をもつ空が取り上げられたものであろう。われわれの周辺に存在するものは自身を含めてすべてが何らかの実体があって存在すると考えられているが、大乗仏教では、存在する何物にも何らかの実体は存在せず、空《くう》であると説く。またそれらに代わって、第四に「現世《げんせ》汚濁《おじょく》」の思想が取りあげられることもある。

否定から肯定へ

以上のような否定的な色彩の濃い思想に対して、密教ではすべて肯定的な思想でもって読み替える。大乗仏教では、『涅槃経《ねはんぎょう》』や『勝鬘経《しょうまんぎょう》』に、このような傾向も現れ始めているが、密教ではこれらの否定的な考えにすべて肯定的な評価を与える。

要するに、『吽字義』での汙字の解釈をすべて肯定的に読み替えてしまう。「現世は無常ではなく常、苦ではなく楽、無我でなく(大)我、汚ではなく浄、これらが汙字の本来の意味である。一般に考えられている損減のもつ否定的な意味を含まないからである」と、『吽字義』はいう。汚れや苦、自我にとらわれる心、物には実体があるという考えなどを徹底して見直すとともに、さらに消極的で、かつ否定的な見方を読み替えて、逆に積極的な観点から評価し、日常生活の中に取り入れていく。そういった生き方を勧めていると、受け取るべきであろう。

大欲清浄

真言宗の寺院で日常的に読誦《どくじゅ》されている経典に、『般若理趣経《はんにゃりしゅきょう》』がある。この経典の中に「大欲《たいよく》清浄《しょうじょう》」という言葉がある。通常の生活において、欲望は自己中心的で醜いものとして否定される。仏教でも、人間の欲望は煩悩に根ざす醜いものであるから捨てよ、と通常は教えられる。たしかに「俺が俺が」という人間のエゴに結びついた欲望は否定されねばならない。といって欲望を無批判に否定しては、人間の日常生活や経済活動は成り立たない。

密教では、欲望を一応は否定する。ただし否定される欲望は、自己中心的な立場から取り出す欲望に限られる。それはエゴ意識に基づく小欲《しょうよく》だからである。

一方、大欲の「大」は、小に対するような相対的な価値ではない。大欲の大は、自他などの相対的な意識を超越した絶対の大である。

大欲清浄の清浄とは、手足や口を洗い清めるといったさっぱりとした清浄の意ではなく、エゴを抜きにした利他の欲に浄化することである。だから清浄なのである。密教で欲望を積極的に肯定するのは、自己のためではなく、他人の利益のために発動するからである。否定を踏まえ、それより一段も二段も高い利他の精神を原動力とする肯定と見なすべきであろう。

包括的な視点

思想の読み替えの第二ステージは、『般若心経秘鍵《はんにゃしんぎょうひけん》』である。この書物は天長年間の初期（八二四―八二七年）、空海の後期の著作と考えられる。全般的に密教優位の主張よりも、密教の包括的な視点が目立つ。

『般若心経秘鍵』は大乗仏教の代表的な経典である『般若心経《はんにゃしんぎょう》』に対して、空海が独自の見解を述べた著作である。空海独自の観点として三点取り上げられるが、ここではそれらの詳細を述べる紙幅がないので、詳しくは拙著『訳注　般若心経秘鍵』(春秋社)を参照されたい。

なかでも本題である思想の読み替えと関連するのは、経典を五分する中の第二の「分別諸乗分《ふんべつしょじょうぶん》」である。

『般若心経』本文の「舎利子《しゃりし》　色不異空《しきふいくう》」より「無智亦無得《むちやくむとく》　以無所得故《いむしょとくこ》」に至る本文を五分割し、この五種の文を四家大乗《しけだいじょう》、すなわち華厳、三論、法相、天台の大乗の四宗と、小乗の別名である二乗《にじょう》(声聞《しょうもん》・縁覚《えんがく》)、それぞれの教義が示されている箇所と見なす。

顕か密か

さらに四家大乗の教説は大乗仏教の教えとされるが、本来は普賢、文殊、弥勒、観音の密教の四菩薩が説く密教の教えだと読み替えている。このような思想の読み替えを通じて、『般若心経』は顕教経典ではなく、密教経典であると主張する。

「顕教と密教との教えは隔絶しているはずです。それなのに『般若心経』という顕教の経典の中に、秘密の教えが説かれているという見解は、どうも納得がいきません」という仮定の質問に対して、「医王《いおう》の目には、途《みち》に触れて皆薬なり。解宝《げほう》の人は鉱石《こうしゃく》を宝と見る。知ると知らざると、何誰《たれ》か罪過《ざいか》ぞ」と答えている。

野道を歩いていると、いろいろな草が生えている。人々は雑草が生えているな、とさして気にとめないけれど、医学とか薬学の心得のある人は、この草は腹痛に効く薬となる、あるいはあの草は風邪に効く薬の原料だと気づく。また道端の石ころを見て、宝石の目利きのできる人は、この石からこんな宝石が取れる、あの石がこんな宝石に変わるとわかる。同じ草、同じ石ころでも、見る人にその価値がわかっておれば、なんの値打ちもなさそうな雑草や、石ころの中に隠された価値が見えてくる。雑草が薬草になるか、石ころが宝石に変わるか、それは草や石ころのせいではなくて、見る人の能力しだいである、と答えている。

同じ経典でも、それがもつ価値がわかる人には、密教の経典であると判断できるが、価値がわからない人は、顕教の経典としてしか評価できないという、厳しい判定である。

最後に、「顕密《けんみつ》は人《にん》に在《あ》り、声字《しょうじ》は即ち非《ひ》なり」という言葉を添えている。

顕と見るか、密と見るか、その判断のわかれ目は、対象物ではなくて、それを見る人の判定能力の差によるのだ。表面的な声や文字だけで判断してはならない、と戒める。

人の評価の場合も同じである。悪人だとか、つまらぬ奴だと馬鹿にするが、判定の良し悪しは対象となる人のせいではなく、評価の対象となる先方の人の優れた点や、他人がもたない能力といった隠れた長所をもっていることに気がつかぬ、むしろ当方の責任だということになる。

空海の読み替えについては、古くから問題視されてきた。文書の写し間違いとか、空海の語学能力にまで疑念が及んだこともある。確かに合理的な判断基準からすれば、読み替えに関しては、不合理で通常の認識能力を超えた表現や記述も少なくない。その中には長年にわたり、繰り返されてきた書写の過程で誤写された例もあろう。

だが空海の撰述書の場合には、一見不合理な記述に見えても、その中に空海独特の見解が挿入されている場合もないわけではない。空海の場合、不合理な解釈の中に、密教眼からなされた真実の読み取り、ないし解釈が含まれている事例も存在するという事実を踏まえて、慎重に検討せねばならないことも心得ておく必要があろう。

六　仏陀の説法

金剛宝座(ガヤ，インド)

仏陀が語る

目覚めた者

仏教とは、仏の説かれた教えである。大乗仏教では、仏と成る教えとも言われる。その教えには八万四千の法門《ほうもん》（真理に通ずる教え）がある、と考えられている。それはあながち間違っているとは言えない。けれども詳しく調べてみると、その仏にもいろいろあって一様ではない。

説法も内容が八万四千という数だけではなく、その説かれる説法の性格が異なる場合も少なくない。それらの相違についても、とくに密教の場合は一般の仏教とかなり違っているので、おおよそのところは説明しておきたい。

仏とはサンスクリット語のブッダ（buddha）に相当し、漢音訳して仏陀となり、略して仏とされたことはよく知られている。「目覚めた者」という意味である。世の中の真実に目覚めた者と理解してよい。

釈尊（釈迦牟尼）が中インドのガヤの菩提樹（後に金剛宝座《こんごうほうざ》と言われる）の下で覚りを開き、目覚めた者の尊称である仏陀となった後、その覚りの内容を、弟子たちにも語り伝えることを躊躇し、沈黙を続けたことは先にも述べた。伝説では梵天《ぼんでん》が勧請《かんじょう》し、その要請に応えて釈尊は数人の弟子たちに対して説法を始められた。それは初転法輪《しょてんぽうりん》と言われる。初とは初めて、法輪とは仏教の教えのことで、転ずるとは、法の輪を回す、すなわち初めて説法することをいう。

対機説法

それ以後、仏陀を慕い集まる弟子たちに対して、その覚りの内容を個別に説かれた。その聴衆の数も、大乗仏典になると、数百人あるいは数千人と膨大な人数が記せられることもあるが、実際にはほとんどの場合、ごく少数であったとされる。それぞれの機会に弟子たちが聞いた内容を言い伝え、後世になって経《きょう》・律《りつ》・論《ろん》の三蔵《さんぞう》に編纂され仏典として、現在まで伝えられてきている。

仏陀の説法というと、多数の聴衆の前で教えを説かれた、現在でいう講演会のような形を想像しがちであるが、事実としては少数の弟子に対する、それぞれの具体的な問題についての教示であったらしい。現在でいう個別指導に近いもので、専門用語では、対機説法《たいきせっぽう》という。対機の機とは機根《きこん》、つまり生まれながらにもつ宗教的な素養という語の省略形で、聴衆それぞれの能力に応じた形の話法を指す。

後世になって、仏陀の個別的な説法を、経典としてまとめた時に、相反する意見が述べられることもいくらか存在した。

真理を仏とする

仏身論

仏といえば、先に述べたように一般にはシャーキャムニ(釈迦牟尼)すなわち釈尊を指す。

ところが大乗仏教になると、仏が多数出現することになった。阿弥陀仏、弥勒仏、薬師仏などの仏、それに観世音菩薩とか、弥勒菩薩などの菩薩、不動明王、愛染明王などの明王、毘沙門天、弁財天などの天のつく仏など、さまざまである。一応これらの仏や菩薩や明王、諸天を整理しておく必要がある。

また、大乗仏教では、これらの一般に親しまれ礼拝対象となっている仏とは別に、仏とは何かという思想的な問題が取り上げられるようになった。専門用語では仏身論《ぶっしんろん》という。

法身と色身

釈尊は真理を覚って仏陀となられたけれども、釈尊が涅槃《ねはん》に入られる際に、肉身は消滅しても、真理は永遠に不滅であるから、弟子たちには、自分の亡き後は、真理つまり法(ダルマ)を拠り所とするように遺言された。それからしばらくして真理そのものを仏と見なして、それを法身《ほっしん》と呼ぶようになった。

法身仏という仏はどこの寺にお参りしても、お目にかかることはないので、ほとんど知られていない。阿弥陀さんやお薬師さんのように身近な存在ではなく、一般の人々にはなじみが薄い。

仏身論では、仏を真理の面だけに限定してしまうと、一般の人々によく知られている仏が除外されてしまうので、具体的な姿をした仏も仲間に加えて、法身に対して、色身《しきしん》という具体性をもった仏身を考え出した。ただし色身の「色」は、仏教ではカラーの意味ではなく、「形をもったもの」という意味である。

このような具体性をもった色身が、人々に何か語りかけ、また何らかの功徳を示されるということは、普通に理解できるが、真理そのものを仏とする法身がわれわれに語りかけ、何かご利益を与えてくれるのか、という疑問が起こる。

当然のことながら法身は説法しないということは、インド・中国の仏教界では共通認識であった。通常の考え方では、真理が直接われわれに具体的に語りかけることはあり得ない、と思われて当然である。

ところが空海は密教では、法身に説法ありという大胆な主張を掲げて、平安初期の日本の仏教諸宗の学匠たちに挑んだ。当然のことながら当時の仏教界に対して、その理論的な根拠を提示して、賛同を得る必要があった。空海の初期の著作活動の主力は、法身説法の典拠と、その理論的な根拠の提示に費やされた。

仏の三身

仏の三身説

密教独自の主張である法身の説法について述べる前に、顕教で考えられていた仏の三身説《さんじんせつ》についても一応の解説をしておく必要があろう。

仏教では、仏身を大別して、法身と色身に二分した。この二身については、部派仏教、つまり初期仏教ではいろいろ論議されたが、大乗仏教では中観派《ちゅうがんは》で用いられている。大乗仏教ではさらに仏身論が精緻に思索されるようになる。法身は法性《ほっしょう》とか真如《しんにょ》と呼ばれる真理を体とする身体で、当然のことながら人格性をもたず、不活動であるため説法を始めとする衆生救済の活動はしない。

ところが三ないし四世紀頃になると、思想的に仏の身体を法身と色身にわける二身説では対処しきれなくなり、法身、報身《ほうじん》、応化身《おうげしん》の三身説が説かれることとなった。

応化身と報身

この中で、応化身は、略して応身《おうじん》とも、化身《けしん》とも呼ばれる。現実に生命をもつ仏身ではあるが、無常な存在である。釈尊とか、各宗の祖師たち、またチベット仏教のダライラマとかパンチェンラマが、それに相当する。

報身は法身と応化身の中間的な存在で、前世で仏になるための行を積み、衆生を救済しようとする願いを起こし、実践した報いとして現世に出現した仏で、活動性と永遠性をともに具《そな》えた仏である。阿弥陀仏などが、それにあたる。

報身と応化身は当然のことながら、説法をおこなう。

密教の仏身観

四身説

一般仏教の三身説に対して、密教では特殊な四身説《ししんせつ》を立てる。

四種の身とは、自性《じしょう》、受用《じゅゆう》、変化《へんげ》、等流《とうる》である。

もともと不空訳になる『略述金剛頂瑜伽分別聖位修証法門《りゃくじゅつこんごうちょうゆがふんべつしょういしゅしょうほうもん》』（略称『分別聖位経《ふんべつしょういきょう》』）の序に説かれていた四種の仏身を、空海は『二教論《にきょうろん》』において密教独自の仏身観として取り上げた。この経典の本文の主題となる金剛界三十七尊の流出《るしゅつ》の記述を、その証拠とした。

密教の仏身観では、四種の身はいずれも中心となる法身である大日如来から流出し、それぞれの役目を果たせば、もとの大日如来に還帰する。したがって、密教の四種の身はいずれも大日如来とは別個の仏格をもつものではない。

空海が密教独自の四身説を打ち出したのは、『二教論』が最初であるが、その内容は、その後の著作の中で変化し、かならずしも統一されているとはいえない。

密教の四身は、顕教の三種の仏身と似た名称があるため、紛らわしいが、顕密の仏身は相互に対応はしない。密教の四身は、顕教の三身のうちの法身そのものを四種に開いた仏身と見なされ、自性法身、受用法身、変化法身、等流法身と、いずれも法身を付して呼ぶこともある。

このうちの自性法身は真理そのものであるから、通常であれば説法はしない。

自受用身と他受用身

次の受用(法)身は、自受用身《じじゅゆう》と、他受用身《たじゅゆう》に二分される。典拠となる『分別聖位経』では、自受用身(ここでは毘盧遮那《びるしゃな》仏《ぶつ》、すなわち大日如来)は、まず金剛界の四仏を自身より流出し、一切衆生の大菩提心を浄化した後に、曼荼羅の中央に位置するもとの座にもどる。

ついで、その四仏が毘盧遮那仏に代わって金剛界の三十二尊を順次に流出させ、毘盧遮那仏の覚りを授けた後に、三十二尊を、それぞれ曼荼羅の中の自己のもとの座に還し、坐らせる。

この四仏より三十二尊を流出させる作業を、他受用身が受けもつ。『分別聖位経』の当該箇所には、前述のように毘盧遮那仏がまず自らの四周に金剛界四仏を流出させ、再び毘盧遮那仏に戻し、次いでこの四仏が金剛界三十二尊を流出する経過が記されている。しかし、これら流出された諸仏菩薩が説法をするか否かは、まったく記されていない。それを空海は、他受用身が説法すると読み替えた。

この他受用身は『二教論』巻下では、報身の毘盧遮那仏として、阿迦尼吒天宮《あかにたてんぐう》において、大乗仏教の十地《じゅうじ》の修行を終えた諸菩薩に対して説法すると述べられている。顕教でいう報身は、密教では他受用法身と見なされるのである。

一方『二教論』巻上には、「自性受用仏は自受法楽《じじゅほうらく》の故に自眷属《じけんぞく》と与《とも》に各三密門《おのおのさんみつもん》を説きたまう。之を密教と謂《い》う」とある。

ここでいう自性受用仏とは曖昧な表現で、自性身であるのか、受用身のいずれを指すのかは不明である。後世の真言宗学では、そのうち「自性」を不動の真理である理法身《りほっしん》に、「受用」を動きを伴う自受用智身《じじゅゆうちしん》に配するが、これは少々無理がある。

ここは空海自身が曖昧さを残した表現とみて、一応のところ自性身と自受用身と理解しておく。

この自性(法)身と自受用(法)身が自受法楽《じじゅほうらく》、つまり自身の楽しみのためにだけ、自身の眷属《けんぞく》(周辺の仏・菩薩)に囲まれて、身《しん》・口《く》・意《い》の三密の教えである密教を説く、という。この場合の説法とは他者に対するオープンなものではないから、説法の対象も、目的も、内容も特定できない。だから法身は、自己の楽しみのために説法するとしか言いようがない。

変化法身と等流法身

空海は法身の説法を説明するために、『分別聖位経』の序文にのみ説かれる四身説を取り上げたために、自性身と受用法身の二種の仏身についての叙述は経典に寄り添っているが、変化法身と等流法身については、ここでは触れていない。以下の二身の説明は他の資料を総合的に整理したもので、『分別聖位経』では詳しい説明を欠いている。

第三の変化法身は、歴史的な人物、つまり釈尊をはじめ、祖師たちを指す。当然、説法はおこなう。変化法身としての釈尊の説法については、『二教論』巻下において触れている。

第四の等流法身は密教の特色を多分に具えた仏身で、現実社会に生きる人間をはじめとし、動植物一切を含めた存在をいう。われわれの周囲にいる人、それには自分にとって都合の良い人だけではなく、自分に敵対する人物もすべて残さずということになる。また自分にとってかわいいペットだけではなく、毛嫌いする昆虫や動物もみな含まれる。それらはすべて等流法身となって何らかの真実を、われわれに告げようとして存在する仏の身なのである。

等流法身を仏身に加えたのは、あらゆる存在にわずかであっても絶対的な価値を認める密教らしい考え方と言えるだろう。

もう一つの四身説

四種の仏身　空海は帰国後早い段階で、新しくもたらした密教の認知度を内外に高めるために、『二教論』において、主として『分別聖位経』を典拠として密教独自の四種法身説を掲げ、法身の説法について数個の論拠を示して強く主張した。

それとともに『二教論』において述べた四身説とは若干トーンの異なる四身説が『声字義《しょうじぎ》』の最後に、またさらなる展開を示す説が『大日経開題《だいにちきょうかいだい》』に述べられていることにも、言及しておかねばならない。

『声字義』の後半部は、色聚《しきしゅう》つまり物質の問題がテーマであるが、最後に四種の仏身とその住所について説明する箇所がある。ただここで説かれる四身は、『分別聖位経』によるものではなく、顕教でいう、法・報・応・化の四身の考えに近い。

法身仏《ほっしんぶつ》はここでは説法の有無を論じるのではなく、「全宇宙に遍満《へんまん》する如来の身体」（法界性身）であり、「全宇宙のシンボル」（法界幖幟《ほうかいひょうじ》）である、と密教独自の仏身であることを説くとともに、（法身の身体と国土が）因縁によって出現したこと、要するに顕教の仏身観に近いことを併せて明らかにしている。

次に報身仏《ほうじんぶつ》は、ここでは大日如来の一部と見なし、密教の仏と認めはするが、過去世の修行で得た信解《しんげ》に基づく願いの力によって生じたという一面ももつ、と顕教でいう報身仏の考えをそのまま持ち込んでいる。

第三の応化仏《おうけぶつ》は人々の能力に応じて教化のためにこの世に出現された仏で、『華厳経』を引き、「あるいは釈迦と名づけ、あるいは毘盧遮那とも名づけられる」と説き、また『大日経』の「多くの歳月をかけて修行した六波羅蜜《ろくはらみつ》等の功徳によって育まれた御体」とし、顕教的な仏身観の色彩が強い。

第四の等流身《とうるしん》は顕教には説かれない、密教的な仏身であるが、『大日経』の入秘密漫荼羅位品の「等流身はしばらくの間だけ現れ、すぐに姿を隠す」という文を引用して、説明に代えているに過ぎない。

以上のように『声字義』に説かれている四身は、確かに大日如来の形を変えた仏身であるとはいえ、内容的には顕教の四身を思わせる。

帰国後に入京してそれほど時を経ずに書かれた『二教論』は、新来の密教の特色として、法身説法を重点的に解き明かし、密教の存在感を極端に鮮明化したであろうことが推測される。

それに対して、『二教論』より三ないし四年ほど遅れて世に出した『声字義』の頃には、空海は南都の学僧たちとの交流も密になり、それらの人々の考えも意識し、彼らが考えている仏身観との共通項の中で密教の特色を打ち出そうと意図したのではないかと考えられる。

さらなる展開

『声字義』より数年おくれ、天長元（八二四）年頃の撰述と目される『大日経開題』（法界浄心本）では、四身説がさらなる展開を見せる。開題とは顕密いずれを問わず、経典のフルネームの一字一字について、密教の立場から深い意味をもつ独自の解釈を加え、その経典全体の内容を紹介する書物である。

『大日経開題』をはじめ、開題の中には、同じ経典に数種の開題が著述されていることも少なくない。同一経典を対象とするが、それぞれ内容を異にするため、その場合、それぞれの開題の冒頭の数句をカッコに入れて記し、他の同名の開題と区別することが恒例となっている。

『大日経開題』（法界浄心本）では、「大毘盧遮那成仏神変加《じんぺんか》持経《じきょう》」という経題《きょうだい》に四種身を当てる。

この場合、大毘盧遮那たる自性法身は本有《ほんぬ》本覚《ほんがく》（純粋の覚り）の理身《りしん》（覚りの身体）、成仏は受用身に相当するが、自受用身と他受用身の二種にわかれ、他受用身とは始覚の智身(覚りに向かう身体)である、さらに神変とは、他受用応身すなわち変化法身、加持とは等流身、すなわち三界六道をさまよう者たちの身である。もし四身を約して三身とするならば、神変と加持を併せて法・報・化の三身としてもよい、と記している。

自性法身は真理そのものの理法身、他受用身は動きのある、つまり説法をする智法身であり、かつ変化、等流の二身も説明がなされ、ともに他受用法身に含まれる。理智の二法身を明確に説く点、顕教の三身説にも触れる点など、空海の仏身観の整備された形をうかがうことができる。

真理が法を説く証拠

真理が説く

空海は初期の著作である『二教論』において、密教の特色として法身の説法を強く主張した。人格を持たない真理が法を説く、とはどういうことか、何故に法身が説法するのか、既存の仏教界では反対意見が渦巻く中で、それを証明せねばならない。顕教にあっては、説法は場所と時と聴衆が特定されてなされるということが常識とされていた。対機説法である。

先に述べたように、空海は『分別聖位経』によって、法身以外に受用身を立て、それを自受用身と他受用身に二分した。法身と自受用身は、場所と対象に限定なく、法の楽しみを味わうためにだけ説法を永遠に続行している、つまり自受法楽《じじゅほうらく》の説法を主張した。

それを証明するために、顕密のいくつかの経典を挙げているが、とくに重要視している典拠は菩提流支《ぼだいるし》訳の『楞伽経《りょうがきょう》』で、その巻第二には、「法仏の報仏は、一切法の自相同相を説く」という言葉がある(本書第五章)。またその少し後の文にも、「法身説法」という言葉が繰り返される。空海はこれらの言葉を見つけ出し、法身説法の有力な論拠とした。

法身説法

しかしこの最初の「法仏」は、サンスクリット語では「法性、つまり真理そのものから現実化した仏」という意味で、これは法身仏というより報身仏を想像させる。また後文の、法身説法の語はサンスクリット文には欠けている。もし現存のサンスクリット文が、菩提流支が翻訳に際して用いた原文と相違なければ、この箇所には、法身という語は存在しなかったということになる。

漢訳者が何らかの意図を以って、原文にない法身と訳したのかもしれない。いずれにしても空海はサンスクリット原典については関知しないことが確かであるから、原典に存在せず、菩提流支訳にのみ存在する「法仏説法」ないし「法身説法」という言葉を見つけ出し、自己の新しい教説の典拠としたということであろう。

その他に密教経典のいくつかに法身説法の証拠が存在することを述べているが、南都（奈良）や北嶺（比叡山）の学匠《がくしょう》たちに認証されたかどうかはわからない。新来の密教経典よりも、永らく大乗仏教において親しまれてきた権威のある『楞伽経』は、この場合に法身説法の妥当性を保証するものであったに違いない。

法身の説法を受け止める

受信するために

一般の仏教界では、果分《かぶん》、すなわち仏の覚りの世界は説き明かされない、つまり不可説であると考えてきた。衆生は時間と空間が限定された場合のみ、いわゆる対機説法によってだけ仏の説法を聴取することが可能とされる。

それに対して、空海は法身のうち自性身と自受用身は時空を超えて、自受法楽のために説法を続けている。衆生はいつでも、どこでも、それを受け取ることが可能であると主張した。

にもかかわらず法身の説法を、われわれ衆生が直ちに受け取ることができないのはなぜか。

われわれ衆生がそれを受け取り、自分のものになしえないのは、有限の世界に住むわれわれのほうが無限の宇宙からの「声なき声」を受け取る態勢を整えていないからである。第五章で紹介した『二教論』巻下の最後に示されている「衆生の自秘」というのが、このことを指している。

それではわれわれ衆生のほうは、どのように行動すれば、その宇宙からの発信、仏の声なき声を受信することができるのか。

それには、いろいろな方法が用意されている。

だれもかれもが出家して、瑜伽《ゆが》の行を積むことはできない。でも在家の人々にも、その効果を具えた行が用意されている。

例えば真言宗で在家信者の人々にも可能な、阿字観《あじかん》という修行法がある。実践に関することであるから、ここでその方法を説明するわけにはいかないが、志があれば、熟練した指導者が幾人もおられるから、その方から個別的に指導を受けるとよい。

五感に訴える

われわれ現代人は、人間がもつ、眼・耳・鼻・舌・身の五種の感覚器官より、第六の意識に比重を傾け過ぎているきらいがある。現代社会は社会活動の中で経済活動を最優先し、その高度成長を期待し、そのために役立つ知識を積み上げるのに専心し、五感の働きを軽視し続けてきた。

その結果、常に発信し続けられている宇宙からの仏の声に耳を塞いできた。

その一例として、最近の歌を聴くと、俺がお前が、どうしたのこうしたのと頭でっかちな自己本位の歌が多い。人間中心の頭の回転、意識の働きだけがすべてだという感がする。山や川、鳥のさえずり、虫の声、故郷の懐かしいにおい、おふくろの味、家族の何気ない仕草の思い出など、五感に訴え、肌で感じる状況が歌われることはほとんどない。

最近気づいたことがある。小学唱歌「朧月夜《おぼろづきよ》」である。

一　菜の花畑《はなばたけ》に、　入日《いりひ》薄れ、
見わたす山の端《は》、霞ふかし。
春風そよふく、空を見れば、
夕月かゝりて、にほひ淡し。

二　里わの火影《ほかげ》も、森の色も、
田中の小路《こみち》を、たどる人も、
蛙《かわず》のなくねも、かねの音も、

さながら霞める、朧月夜。
（作詞　高野辰之、作曲　岡野貞一）

文部省唱歌として、大正初期より日本人の間で歌い継がれてきたという。菜の花畑を見る視覚、そよふく春風を素肌で感じる触覚、にほひ淡しの嗅覚を主とする身体感覚、蛙のなくね、かねの音の聴覚など、味覚以外の四種の感覚が自然の中に見事に歌い込まれている。二十世紀の始め頃までの日本人には、このように自然を全身で捉える文化があったのだということに改めて驚く。日本の近代化の中で失われた皮膚感覚の重さを、じっくりと感じとることのできる歌である。

声なき声

密教には、頭で理解するより、目で見て刺激を受ける曼荼羅、耳で聞いて感じる声明《しょうみょう》の数々、鼻で吸い取る香や供花《くけ》のえもいわれぬにおい、舌で味わう精進料理の微妙さ、肌にしみとおる霊山の息吹き等々、頭で理解するより体全体でしかわからない、宇宙から発信される「声なき声」の通信を受け取る装置が古くより用意されている。

空海は、こうした五感でしか捉えきれない感覚文化を巧みに把握する装置を全身的に具えていたに違いない。隠されている永遠の真実なるものを生涯かけて日本に移植し、定着させようとした秘密の原点がここにあるといっても過言ではないだろう。

七　教育理念

綜芸種智院跡（京都）

綜芸種智院の開設

空海の教育についての識見は、『綜芸種智院式《しゅげいしゅちいんしき》』(『性霊集補闕抄《しょうりょうしゅうぶけつしょう》』巻十)に、基本的な姿勢をうかがうことができる。綜芸種智院は空海によって日本において庶民のために最初に開かれた大学である。「式」とは、この大学の建学の理念を指す。

庶民のための大学

八世紀の初め、大宝律令によって京には貴族や官僚の子弟教育のための大学が開設された。次いで地方にも国学が設置され、地方の官吏の子弟の教育にあたったが、それらには一般の子弟の入学は許されなかった。

九世紀に入ると、有力な氏族が自分たちの子弟の教育のために独自に私塾をいくつか開設している。例えば恒貞《つねさだ》親王が建てた淳和院《じゅんないん》、和気《わけ》氏の弘文院《こうぶんいん》、藤原氏の勧学院《かんがくいん》などの私塾も開設されていたが、いずれも入学はそれぞれの氏族の子弟に限られた。

空海は中国に留学したとき、都市では区画(坊)ごとに、田舎には村ごとに塾があって、青少年の教育にあたっているのを見聞した。ところが日本の都には、たった一つの大学、つまり国が所轄する大学があるだけで、貧しい家の子や、身分の低い家柄の子たちが、学ぶ場所も機会もまったく存在しない。こういう事情なので、一つの学び舎《や》を建て、学びたいとの志はあるが学問への道の閉ざされた若者たちを済《すく》いたい、と考え、「物の興廃《こうはい》は必ず人に由《よ》る。人の昇沈《しょうちん》は定めて道《どう》に在り」と人材の養成の必要性を高らかに謳《うた》いあげ、「大海には流れが寄り集まり深みを増し、須弥山《しゅみせん》のような山も塵が積もり高くなる。どうか一人《いちにん》すなわち帝を始め諸大臣、氏族の長老の方々、仏教諸宗の諸大徳、私の志を了とせられてお力をお貸し願えれば、百世までもその志が生き続けることになりましょう」と賛同を呼びかけた。

設立理念

綜芸種智院の設立理念については、次のような四箇条が挙げられる。

「四つの者は備わって然して後に功有り。是の故に、斯《こ》の四縁《しえん》を設けて群生《ぐんじょう》（衆生）を利済《りさい》（利益を図り救済）す」とある中の「四つの者」、ないし「四縁」とは、処、法、師、資の四箇条に相当する。このうち、

「処」とは場所すなわち教育環境、

「法」とは教育内容、

「師」とは教授の資格、

「資」とは衣食、

を指す。

教育環境

自然の中で

天長五（八二八）年、十二月十五日、空海が五十五歳の時、綜芸種智院は開設された。それより五年前、東寺が空海に嵯峨帝より預けられているが、綜芸種智院は東寺の東隣の左九条に位置する。ここに辞《じ》納言《どうげん》藤大卿《とうたいけい》（藤原三守《ふじわらのみもり》）の邸宅があり、広さは二町余り、そこに五棟の屋敷があった。庶民教育機関の開設に賛同した三守が、土地と建物を空海に快く提供した。

その東には施《せ》薬慈《やくじ》院《いん》があり、西は東寺、南に生休帰真《せいきゅうきしん》の原（葬送の地）、北には衣食《いし》出内《すいだい》の坊（政府の倉庫）がある。水鏡のように清らかな水をたたえた涌泉や溢れんばかりの小川が屋敷を取り囲み、鳥がさえずり、雁が飛び交い、夏でも涼しく、災いを防ぐ四天王の名にちなむ白虎の大通り、朱雀の沢などに近く、都の人々は散歩するのにわざわざ遠く離れた山林まで出かけるらしいが、ここではその必要がまったくなかったという。

このように教育環境としては、まことに申し分のない土地である。子弟教育の第一条件に、教育環境の整備が挙げられていることは、現在でも十分納得がいく。

教育環境としては、自然に恵まれ、閑静な場所が適していることは言うまでもない。それにしても、高等教育機関の多くが喧噪極まりない大都市中心部に近いところにひしめき合って建てられているのが日本の現状である。私も大学に勤務していた当時には、学会や集中講義のために、国・公・私、各種の大学の構内に入った経験が幾度もある。

欧米では

日本では、一部を除いて適切な教育環境に恵まれた大学は残念ながらあまり存在しないのではないだろうか。半世紀前のまことに乏しい経験でしかないが、欧米にはすばらしい環境に恵まれた大学や研究施設が少なくないようにも思える。

イギリスのケンブリッジ大学は、ロンドンから列車で数時間を要し、街全体が大学を支えて成り立っている落ち着いた学園都市にある。ある研究会のために数日滞在したが、列車を降りて街に一歩足を踏み入れると、いかにも伝統のある大学を核とした街らしい落ち着いた空気が漂い、アカデミックな雰囲気が街全体を包み込んでいる。

アメリカではウィスコンシン大学で一週間、密教の集中講義を担当したことがある。構内がとても広く、森あり、川あり、自然の真ん中に学舎が存在する感じ。一面に敷き詰められた芝生の上で、のびのびと戯れていたリスたちの印象が、いまも残っている。

教育内容

総合大学

綜芸種智院は、空海が開設した教育機関である。だからといってその講義内容が、仏教学に限られるわけではない。教育内容は、当時としては可能な限りあらゆる学問を取り入れることを原則とした。

まず九流六芸《きゅうりゅうろくげい》で代表される儒教、道教、陰陽など中国伝統の思想と宗教がある。さらにインドにおける代表的な学問体系である五明《ごみょう》、すなわち声明《しょうみょう》（文法学）、医方明《いほうみょう》（医学・薬学）、工巧明《くぎょうみょう》（工学）、因明《いんみょう》（論理学）、内明《ないみょう》（仏教学）などが挙げられている。

これらは人々を救う船であり、人々に利をもたらす宝であると記し、古来の聖者、碩学《せきがく》もこれらの学問を総合して学び、身につけたために大いなる覚りを得、また偉大な人物となることができたという。

ただの一味でもって美味な料理はできない、一音で妙なる音楽を奏でることもできないと、身近な喩《たと》えをもって、学生にも、さらに彼らを教育する教授陣にも、幅の広い学識を具《そな》えることを求めている。

現代でいう単科大学ではなく、総合大学の構想がすでにできあがっていたとは、驚くべき先見性である。一方、当時の国立大学は中国の古典ならびに儒教を学習する官吏の養成機関であり、地方の国学もそれに準じる組織と目的をもっていただけであった。

さらに空海は、次のように述べる。

「お寺の坊さんはただひたすら仏教経典を読誦しているだけで、また学者は都会にあって、中国の書物を読みあさることに熱中し、まことに空しいことである。私は

あらゆる分野を

このような学問の現状に常に危機感を抱いていた。そのため私は綜芸種智院を創設して、儒・仏・道の三教それぞれの専門家を招聘して、各人の専門とする分野の学問を講義してもらうように計画を立てている。日・月・星の三種の偉大な光にも喩えられるこれらの三教を学び広めることによって、混迷の夜道をさまよう人々の迷いを照らし、あらゆる人々の心の苦しみを解き放ちたい」

ここでは、閉塞的な一つの方向の学問にこだわらず、あらゆる分野の伝統的な学問と宗教を、万人に解放し、広く学んでほしいという総合教育の目標が掲げられている。

なお、綜芸種智院の名称の「綜芸」とは『大日経』の具縁品《ぐえんぼん》に出てくる言葉で、あらゆる学芸を総合的に捉えるという意味である。また「種智《しゅち》」とは一切種智《いっさいしゅち》の略で、無限の知恵すなわ

ち仏の知恵を身につけることを表す。
仏教の一宗一派にこだわらず、官吏の道だけに固執せず、宇宙的な視野を具えた人材を養成するという、途方もなく大きな教育理念を空海は掲げて、平安初期の教育界に、巨大な一石を投じたのである。

教授の招請

すぐれた師

綜芸種智院は万人に開放せられた教育施設であり、そこではまず師を招請することから始まる。「処《ところ》あり、法ありと言うといえども、もし師なくば、解《さとり》を得るに由《よし》なし」。環境が整い、教育内容が決まっていても、師がいなくては教育が成り立たないという。もっともなことである。

その師には仏教を伝える道の師と、外書つまり仏教以外の一般の学問に通じた師、真と俗とそれぞれの専門家をあてる。在俗の子弟にも仏教を学ばせ、僧を志す者にも、仏書だけでなく一般社会の最高ランクの教育を施し、幅の広い知識を具えた人物の養成を意図していたことがわかる。

「善財童子《ぜんざいどうじ》は百十の城を巡って五十(本来は五十三人)の師を尋ね」と、ごく狭い専門の知識だけではなく、幅広い教養も要請されていたようだ。

どれほど専門的な知見が豊富で、学術的な業績に優れた教授であっても、講義内容にゆとりと幅、深い奥行きが感じられなければ、聴者に与える影響は皆無である。

私事にわたって恐縮であるが、私が大学院生時代に、指導教授から言われたことが、いまだに耳に残る。「研究者としてはまず一つのテーマに集中し、日本の学界だけでなく、世界的に業績が無視できないほど評価されるような業績を上げること。それができたうえで、いろいろな学問の他の分野にも、幅広く手を伸ばせ」と。その訓戒に沿ったかどうか、はなはだこころもとない思いが残る。

研究者であるとともに教師でもあることを、永年の大学の教員生活で身に染みて感じさせられた。「平凡な教師はただしゃべっているだけ、ましな教師は相手にわからせようと努める。すぐれた教師は自分でやって見せる。偉大な教師は聞く者の心に火をつける」とアメリカの教育者ウィリアム・アーサー・ワードは言った。

刮目《かつもく》すべき成果を残す研究者であることと、すぐれた教師であることを両立させることは容易ではない。

先生の問い

蛇足ながら、もう一つ忘れられない思い出を付け加えよう。小学校の高学年の時の担任の先生の問いかけである。戦前の高野山の小学校のことであるから、いろいろな機会に「いろは歌」を歌う。その意味について先生は、すべてのものはいつも同じではない。常に移り変わるということだと、いろは歌の内容をわかりやすく教えてくださった。

それだけではなかった。すべてのものはいつも同じではないと話された後で、気になることを言われた。「ただ一つだけ、いつも変わらないものがある。それは何か」という意味だったような気がする。これに私は引っかかった。

なんだろう。先生は答えを出さずに授業を終わられた。

以後、私の心のどこかの隅にこの問いが残り続けた。大学に入って仏教の諸行無常の意味を教わった。そのときハッと気がついた。諸行無常という原理そのものは変わらないということである。それが答えになるかどうか。マル・バツの解答を求めるのではなく、一生かけて考えさせる問題を提起するのも、教師の役目の一つではないか、私は今そう思っている。

教育資金

師資糧食の事

『綜芸種智院式』の最後に、「師《し》資糧食《しりょうじき》の事」という箇条がある。高度な理想を掲げた教育制度を現実に運用し、その成果を上げるには、潤沢な資金が必要となる。それは大学の運営資金というに留まらない。師すなわち先生と、資すなわち学生、ともに経済的に十分な保証が必要であるという。

孔子は「瓜のようにただぶら下がっているだけでは食べてはいけない」と言われ、仏典にも「十分に学ぶには、食が必要である」と、述べられている。「だから道を広めようと思えば、衣食の用意が不可欠となる」とも記されている。

出家であろうと、在家者であっても、師であっても、資であっても、いずれも学問に立ち向かい、道を究めようと志す者に、金銭の心配をかけてはならぬ、という当時としては破天荒な理想が掲げられている。教育のために師資の生活資金の準備にまで、配慮が行き届いている。

出家はもともと清貧を心がけながら生きているから金銭をもたない。だから将来、国家の役に立ち、多くの人々に心の糧を用意する若者を養成するために、わずかな資金でも投げ出してくださって、この理想的な学問の府の設立にお力を貸してくだされば、広く人々の利益に寄与することになりましょう、との言葉で、『綜芸種智院式』は終わっている。

空海とすれば、これほど高邁な教育理想を掲げ、周到な準備をもって発足した庶民の大学が、その他にも設立されることを願っていたかもしれない。だがその願いは果たされなかった。

学園が閉じる

その後、この高邁な理想を掲げて設立された綜芸種智院がどのように運営されていたかを知ることのできる資料は見つかってはいない。

この庶民にも開放された日本最初の学園は、承和十二(八四五)年に創立二十年に満たずして廃せられた。主として経済面と、教師の人材不足がその理由と考えられている。そのとき、空海の後継者であった実恵《じちえ》はこれを売却し、その費用をもって二年後に東寺に伝法会《でんぽうえ》を開設した。以後、それは僧侶専門の教育機関となって存続した。

日本仏教からの提言

ダボス会議に参加

毎年一月末、スイスの山岳都市ダボスで、「世界経済フォーラム年次総会」(通称、ダボス会議)が開催され、世界の指導的な立場にある政治家や経済人が招かれ、一週間ほどの国際的な会議がもたれている。政治経済のスペシャリストやリーダーが集まり、その年のさまざまな議題が論議される。

　私は平成十八(二〇〇六)年秋より、高野山真言宗の管長に就任していた。その任期中に、仏教各宗派の管長が二年任期の回り持ちで担当する、全日本仏教会の会長の職が回ってきて、お受けすることになった。

　たまたま会長就任の当年に、ダボス会議から招請状が送られて来た。政治経済のトップレベルの会議に、キリスト教、ユダヤ教、イスラームの代表者は数年前から参加していたらしいが、日本仏教の話を乞われるのは初めてであった。発表のペーパーを準備する期間が必要なため、その翌(二〇一〇)年に、「Some Suggestions Offered from Japanese Buddhism」と題する講演要旨を携えて、日本仏教徒としては最初の参加を果たした。

　会議の後にロビーで私に対して、いくつかの質問や話しかけがあった。その質問の中では、「政治に仏教がどのようにかかわりをもつか」の問いの他は、すべて日本仏教と教育に関する事項であったのは、正直のところ予期せぬ驚きであった。「仏教が日本の教育にどのように寄与して来たか」とか、「日本人があなたの言うような日本文化の伝統を現代でも教育されているのか」という問いである。

　全日本仏教会の会長の資格で招請を受け、お話しをするのであるから、内容は日本仏教の特定の宗派や宗祖の思想を語ることは避け、日本文化の中において仏教が過去にも、現在にも少なからぬ影響をもたらしてきたこと、また日本の文化が未来社会の混迷を救う可能性を秘めている点を中心にお話ししようと心がけて、ペーパーを作成したつもりである。

後日、他の部会で私に日本語で話しかけてくださった方は、日本のある商社のニューヨーク支店長と自己紹介されていたが、「私の学生時代に、あなたが言われるような日本文化のすばらしさを教育されていたら、海外で外国の人を雇用しながら働くのに、どれほど役に立ったか、残念です。これから日本の仏教の勉強を本気になってやります」とおっしゃっていた。

空海の教育論

敗戦後、日本の教育が欧米の先進科学技術文明に追いつけ、追い越せで、日本文化の特色を教わる機会が失われてきたことは間違いない。改めてダボス会議での私の提言を読んで、日本文化と教育の関係について考えると、ここでは弘法大師・空海の名前は出してはいないが、この主張の大部分が現代社会に対する空海の教育論ではないかと思った。

このような意味で、この講演要旨のもとになった日本語版を次に紹介してみようと思う。

混迷の時代の日本仏教の役割

混迷の時代

二十一世紀は混迷の時代である。前世紀の科学技術文明の驚異的な発展によって、人々は未曽有の物質的な繁栄を享受しながらも、精神的な痛みを抱えながら生きている。

われわれの周辺を見渡してみても、自己主張が突出し、他人の痛みには鈍感で、地域社会の連帯は希薄化し、犯罪が多発する異常な社会が現実化しようとしている。世界全体を見れば、先進諸国の経済的な発展の陰で、開発途上国の人々との間に貧富の差が急激に増大し、地球環境が劣悪化し、資源が枯渇し、民族紛争、宗教間の対立が常態化する憂うべき事態が現在進行しつつある。

提言

社会的にも、個人の内面においても、八方ふさがりの閉塞状態にあって、われわれは今まで自己が持ち続けてきた固定した人生観を冷静に反省して、改めるべき点があれば、率直に生き方を転換させて、事態の根本的な改善を図る必要に迫られている。そのために、近代人が比較的等閑視《とうかんし》してきた東洋の文化、とくに仏教文化の中に、現代社会の病根に有効に作用する良薬が少なからず残されていることに、私は注目している。

大乗仏教を奉ずる日本の仏教徒が、現代社会の危機に対し、有効と思われる提言を要約すれば、次の三点に集約されるであろう。

(1) 生きとし生けるもの相互の関連性を認める全体的な思考
(2) 多元的な価値観
(3) 生かさせていただいている意識から社会奉仕へ

生きものの相互関連性

一切衆生

日本仏教には、人間中心、とくに自己中心的な視線を転換して、無限の宇宙的な視野の下に、人間だけではなく、動物、植物などあらゆる生物のつながりを示す「一《いっ》切衆生《さいしゅじょう》」という思想があり、仏教徒の人生観の根底に横たわっていると言ってよい。

大乗仏教では、一切衆生はすべて仏になる可能性をもつと説いている。人間のみならず、獣も鳥も魚も、虫けらに至るまで、あらゆるいのちあるものは、仏になることができるという思想は、人間と神との間に明確な一線を引く一神教の世界観と異なることは言うまでもない。

日本仏教では、山や川、草や樹木もまた本質的には、仏であると説く。それは生きものだけではなく、山や川、風や石ころなどの無生物まで神として尊崇してきた民間信仰を仏教が摂取し、それに仏教の教理によって裏づけを与えたものと考えられる。

近代思想は自我を中心として、自と他を明確に区分するところから出発した。このような思想は、物事を対象化して捉える近代の科学技術文明を発達させる基盤を作り上げたことは間違いない。だが一面において、自と他、物と心、人間と自然などの間にあった紐帯《ちゅうたい》を切断し、それぞれを独立の存在と見なす考えが常識化することになったといえるであろう。

しかし最近の人文科学や自然科学の研究の成果によると、他者から完全に切り離された自己は存在しないし、物質と精神をまったく別個の存在と見なすことは困難となった。また人間だけが動植物や自然界を支配し、それらを隷属化《れいぞくか》する権利をもつものではなく、それらの間には相互に関連し、補完しあう共存の関係を想定せざるを得なくなったことも事実である。

日本仏教の考えからすれば、自と他、個と全体、物と心というように一般に対立的に考えられている存在は、もとより一体である。ものごとを分析によって細分化することによって、ものの本質は見えてはこない。むしろ対立的な思考を捨てて全体的に把握することによって、ものの真実の姿が現れてくる。

仏教の要請

仏教は、自我を中心として対立的に世界を見る近代思想から、宇宙的な視座の下に、全体的、相互連関的に世界を見る立場へと、視点の百八十度の転換を要請している。

分析的な思考法とか、物心二元論的な思考は近代の科学技術文明の進歩を支えてきたが、さまざまなひずみを現代社会に露呈することになった。すべての存在に、いのちを認め、相互の関連性を重視する日本仏教の総合的で、生命論的な視点は、人間疎外とか環境破壊といった現代社会が解決を迫られている問題に対して、有効な示唆を与えるに違いない。

多元的な価値観

一元から多元へ

近代の科学技術文明の驚異的な進歩の基盤には、一元的な価値観があったことは疑いえない。しかしながら人間社会をすべて一元的な価値観によって統合する思想の矛盾点も、二十世紀後半になって明確になってきた。いわゆる先進文明だけが唯一絶対の価値をもつものではなく、地球上のあらゆる地域に存在する文化も、それぞれ独自の価値をもつことに人々は気づいた。

このような点において、インドや中国、あるいは日本などの東洋の文化は多元的な価値観に基づいて展開してきたと言えよう。日本仏教においても、六世紀の初め、その伝来当初から、仏と日本人がそれまで信仰してきた民族神との融合が図られてきた。日本の民衆の間では、外国から渡来した仏と、民間信仰の神々が排除しあうことなく、互いに影響を与えあって共存してきた歴史を持っている。現在でも日本人の間では、同じ屋根の下で、仏壇と神棚がともに祀られ、祈りが捧げられている家庭が少なくない。

異質な文化を否定することなく、その存在価値を認め、自己の組織の中に取り込み共存する原理は、日本仏教の中でも、密教の曼荼羅の中に具体的に表現されている。曼荼羅とは、仏とか、それに至る修行過程にある菩薩、さらにはもともとインドにおいてバラモン教で祀られていた神や、ヒンドゥ教で信仰されていた神を取り入れた明王《みょうおう》や天部の神々を集約して描いた絵画である（第四章参照）。

曼荼羅には異教徒の神々が少なからず取り入れられているが、それらは無秩序に寄せ集められたものではない。その中には、大乗仏教の中では有名な菩薩たち、あるいは民間信仰の神々が、民衆が信じている神々の性格別に、いくつかのグループにわけられ、配列されている。知的な神、情け深い神、勇気ある神、エネルギーに満ちた実行力に富む神々、それぞれのグループにいろいろな神がいる。たとえ異教徒たちの崇拝する神であっても、それぞれの長所を認め、本来の個性をもったままに、仏教の仏に変えてしまうのも興味深い点である。

個性をもつ

個性をもつということは、百パーセント完全ではないということである。個性は長所と短所の二つをもつ。仏教では短所のみを取り上げ、その欠点を非難することではなく、それと表裏の関係にある長所だけに目を向け、その長所をもつことで仏や菩薩として、仏教の諸仏の系列の中に、異教徒の神々を編入してしまう包容性をもっている。

そこには排除とか否定の論理は認められない。それは一元的な価値観によって善と悪、あるいはコスモスとカオスとを画然《かくぜん》と区別して、一方だけを尊重する思想ではない。無数の価値基準を用意して、いずれかに当てはまるものは、すべて取り入れていこうとする東洋文化の基本的な姿勢を、曼荼羅の思想の中に見出すことができるといってよい。

以上のような仏教の世界観や曼荼羅の思想は、対立と抗争が渦巻き、精神的な混迷の度をますます深めていく現代社会において、異文化との対話、生活文化の新しい指導原理を求める場合、かけがえのない重要性をもつに違いない。

社会奉仕活動

利他の精神

日本仏教の歴史の中で、仏教者が社会に積極的に働きかけている事例は数多く見受けられる。日本における貧民救済などの社会福祉活動は、六世紀に日本に仏教が伝来した初期から始まっている。

それは大乗仏教の利他の精神の具現化と見てよい。病院、施薬院《せやくいん》の創設、橋を架け、池を掘り、道路を開くなどの公共事業、無料宿泊所の設置、孤児救済活動となって社会の表面にあらわれている。さらに十三世紀には、仏教の戒律復興運動に従事した僧たちによって、各種の貧民救済の福祉事業が積極的におこなわれ、目ざましい成果を上げてきた。その精神は日本仏教の各教団に、現在まで受け継がれて、大乗仏教の利他の思想を実現すべく多彩な福祉活動が各方面で展開されている。

「罪の意識」

これらの仏教の僧侶や為政者が仏教の利他の活動の一環としておこなった社会活動とは別の次元において、民衆の中で他者に対する無償の奉仕活動が継続しておこなわれてきたことにも注目したい。その活動の根底には、民衆のもつ独特の「罪の意識」が存在していると言ってよい。

日本人が古くからもつ「罪の意識」は、キリスト教徒の原罪とは基本的に異なる。日本人は日常生活の中で、生きていることが常に他に対し、また社会に対して迷惑をかけているという意識をもち、それが「罪の意識」となって心の中に根強く残る。その罪をそのまま清算せずに生きていると、さまざまな災いが自身に降りかかり、不幸が訪れると信じられてきた。その贖《しょく》罪《ざい》を可能とするには、神仏の前で懺悔し、また当人が社会に対して、善行をおこなうことが必須の条件であった。

作善

このように社会のために労働する苦行が、己が犯した罪を払うという日本古来の贖罪観を背景とする社会福祉活動は、作善《さぜん》と呼ばれた。十三世紀頃に、念仏信仰を唱導しつつ寺や神社の建立資金の調達のために全国を遊行した聖《ひじり》たちは、贖罪の意識をもって各地に橋を架け、道を通じ、井戸を掘るなどの慈善事業にも従事している。

奈良の東大寺の再建に寄与した重源《ちょうげん》には、『南無阿弥陀仏作善集《なむあみだぶつさぜんしゅう》』という著作がある。それによれば、彼は「南無阿弥陀仏」と自称し、寺塔の建立、架橋、道路の改修、湯屋の建設などの「作善」を民衆に勧めつつ、人々を次々に仏教の信仰に引き入れていった。

われわれが現代社会に生きていること自体が、限りある地球の資源を消費し、大気を汚染し、地球環境の破壊に多少にかかわらず関与していることは間違いない。罪を犯しながら地球の上で生かさせてもらっていると言ってよい。その意識をもって、社会のために自分が何をすることができるか、生きる代償として地球環境の保存にどのように寄与することができるかを真剣に考える事態が、いま到来しているといってよいだろう。

空海の思想に学ぶ

生きとし生けるものの相互のいのちのつながりの意識、あらゆる存在の中にかけがえのない価値を認める多元的な価値観、生かさせていただいている意識をもっておこなう他者への奉仕活動、これらの思想は日本仏教に通底するとともに、空海の思想の特色でもある。自我意識を離れたコズミックな視点は、万物のいのちのつながりを思いおこさせる。

また誰でもにかけがえのない長所を見つけ出す多元的な価値観、さらに他者に対する温かいまなざしをもってする奉仕活動など、空海の思想の核心は、現代の教育に通ずる点が多々存在する。このような意味でも、現代人が空海の思想に学ぶべき点が少なくないと、私は考えている。

八　国家と民衆

東寺講堂内曼荼羅(京都)

国を護るということ

護国思想

空海と護国《ごこく》思想は、不可分と考えられる時代があった。先の世界大戦の最中である。しかし戦後の研究によって、その関係は再検討され、戦時中の固定した国家観から脱却して、空海の新しい国家観が見出されようとしている。

国家という言葉には、少なくとも国土、住人、為政者の三種の構成要素が含まれている。これら三者のいずれかに何らかの危害が外部から加えられるときに、それを防御する処置が行使される。その行為を古くは護国と称した。第二次大戦中には、鎮護国家という言葉もよく使われていた。

現代の日本では、政教分離が憲法に明記され、現実に施行されているが、洋の東西にかかわらず、宗教と政治との関係はお互いに関係なく独立していた時代もあり、密接な共存の関係が保たれていた時代もあった。

国家観

また国家という概念も、国により、時代により必ずしも一様ではなく、守護される対象が、国土、住人、為政者のいずれかを指すか、それとも全体なのか、明確にしておかなければ混乱を生じる恐れがある。

空海の国家観を探るためにも、一応その背景となる国家の概念を、地域と時代をわけて明確にしておく必要があろう。

インドにおける護国思想

正法治国

初期の仏教教団は、原則として国王の統治権の圏外にあった。仏教徒はできる限り国王の支配から脱して、自らのサンガ（教団）の中に理想社会を建設するために努力した。

紀元前に国王を神聖視する思想は、仏教教団内だけではなく、インドの一般社会でもそれほど有力ではなかった。大乗仏教では、むしろ国王が仏法に正しく則って政治に携わることによって、住人が護られるという、いわゆる正法治国《しょうほうちこく》の思想が表に出ている。国王が自ら仏法に従って行動し、仏法を正しく保ち、国が平穏に治まるよう、仏教の側から治世に注文をつけたのである。

インドに帝王神権説が現れたのは、西暦一世紀の中葉以降、クシャナ朝の時代と考えられている。その後、インド国内にかなり版図《はんと》を広げ、中央集権国家を確立したグプタ朝では、国王の地位は著しく高められた。

仏教経典の中に、帝王神権説が明確な形で承認されるようになったのは、グプタ朝の時代に成立したとみられる『金光明最勝王経《こんこうみょうさいしょうおうきょう》』(略称『金光明経』)である。その正法正輪品《しょうぼうしょうりんぽん》には、バラモン法典に則った帝王神権説と、正法治国の大乗仏教独自の国王観がともに説かれている。さらにこの『金光明経』の四天王護国品《してんのうごこくぼん》、滅業障品《めつごっしょうぼん》には、経典の受持《じゅじ》によって国王を守護する思想さえ現れる。

とはいえ護国経典のサンスクリット本、あるいはサンスクリット原典を比較的忠実に翻訳したチベット語訳と漢訳本を対比してみると、漢訳本では外敵からの国王の守護を説く経典の多くが、本来はさまざまの天災、人災から住人を保護するために経典読誦《どくじゅ》を勧める内容であることがわかる。もともと住人を災害から護るための攘災《じょうさい》経典が、漢訳に際して国王のための守護経典にすり変えられていることもある。またその反対に、盗賊の害と並んで国王の害が記されている経典も見出される。インドでは、国王も税金泥棒として災害の一種に数えられているところがどことなくユーモラスである。

以上のことからインドにおいては一切の災害から護られるべき対象が本来は国王のみならず、

その国土に住む住人であることがわかる。

攘災招福

日本では、奈良時代に護国三部経《ごこくさんぶきょう》として一括された仏教経典があった。先に挙げた『金光明経』を始め『法華経《ほけきょう》』、『仁王経《にんのうきょう》』の三部である。

だがそのうち『法華経』には『金光明経』とは異なり、国王の守護がまったく説かれていない。それのみならず仏道修行者が、国王、大臣に接近することを禁止する記述さえ見出される。それにもかかわらず、この経典が護国経典の一つとして尊崇《そんすう》せられたのは、この経典の受持者に対する攘災招福《じょうさいしょうふく》の呪術的な効用が、その中に説かれているからである。

第三の護国経典と目される『仁王経』は、羅什《らじゅう》訳とされる経典の各品の題名に『仁王般若波羅蜜《にんのうはんにゃはらみつ》護国経《ごこくきょう》』の名があり、不空訳では『仁王護国般若波羅蜜多経』と、わざわざ「護国」の語が経典名につけられている。それは国王に対して付嘱《ふしょく》されたものとされ、日本では天皇の即位にあたり、国土の安穏を祈念するために修せられた仁王会《にんのうえ》の典拠ともされる。だが内容は般若波羅蜜の呪力による国土の守護にあることは、他の護国経典と変わりがない。

弘仁十四(八二三)年、嵯峨帝より空海に預けられた東寺は、教王護国寺《きょうおうごこくじ》と呼ばれ、その講堂には、護国経典『仁王経』の影響も加味したという説もある特殊な金剛界の羯磨《かつま》曼荼羅が祀られている。

中国における護国思想

仏法と王法

中国の人々はインドの人々に比して、どちらかと言えば現実的であり、また支配者階級の人々が、文化推進の主力を担った。仏教教団もこのような民族性に同調して、国家権力の保護統制によって、その国土に受用され、発展した。

とはいえ中国では王権を絶対視する社会情勢の中にあっても、仏教教団の主張する正法治国の思想は根強く持ち続けられた。

四世紀の中葉になると、東晋《とうしん》の治世下で仏法と王法が鋭角的な対立を見せ、五世紀の初めまで続く。このような情勢の中にあっても、廬山《ろざん》の慧遠《えおん》が『沙門《しゃもん》不敬王者論』を著し、王法に対する仏法の優位性を主張したことは注目されてよい。その後も教主王従説と王主教従説が、中国仏教では常に併存して歴史に現れる。

このころに漢訳された初期の密教経典には、正法治国とダラニ読誦による攘災が説かれている。中国の晋の時代に訳されたことが記されているが、その翻訳者の名前が失われた『七仏八《しちぶつはち》菩薩所説大陀羅尼神呪経《ぼさつしょせつだいだらにじんじゅきょう》』には、王の治世が仏法によりおこなわれるように厳しく注意され、王が住人に対して慈悲により政治をおこなえば諸々の災害から逃れ、その国土は擁護されると説かれている。このように、王法に対して仏法の優位性は保たれていた。

国王の絶対性

一方、北魏を始めとする北朝の仏教は強力な国家権力を仏教徒の上に及ぼし、国王は仏と同一視され、国王の絶対性が誇示されるようにもなった。五世紀の後半、北魏の曇曜《どんよう》によって訳された『大吉義神呪経《だいきちぎじんじゅきょう》』には、住人を含まず、国王のみの守護思想が説かれている。

八世紀以降、唐代に翻訳された密教経典になると、国王守護の思想が頻繁に表明されるようになる。不空《ふくう》や善無畏《ぜんむい》が訳した密教経典には、とくにそのような傾向が著しい。

不空訳では、国王の特権の承認と国王を守護する思想を表明した記述が大幅に増加している。とくに注目を引くのは、不空訳『文殊師利《もんじゅしり》菩薩根本大教王経《ぼさつこんぽんだいきょうおうきょう》』金翅鳥品《こんじちょうぼん》に説かれている国王守護の記述である。これは、もとになるサンスクリット原典では、王位を簒奪《さんだつ》するための護摩法であった。

不空が強大な王権を忖度《そんたく》して原文を真逆に変えて翻訳したことが、サンスクリット文と漢訳文との対照によって判明したことは興味深い。

空海と王権

日本の仏教は、伝来当初から攘災招福の呪術的な機能が重視された。それが個人的な現世利益から国家の繁栄、福祉の祈願へと変わったのは、七世紀の後半である。律令体制の整備、確立とそれは軌を一にしている。仁王会、最勝会《さいしょうえ》が国家的な儀礼として取り上げられたのもこのころのことである。

護国経典

護国経典である『金光明経』(通称『最勝王経《さいしょうおうきょう》』)を読誦する儀礼によって、護られるべき国とは、皇家であり、国土であり、住人であるとの意味が、天平十五(七四三)年に、『最勝王経』の転読を命じた詔勅に記せられている。実際には『最勝王経』とか『仁王経』に基づく大規模な法会《ほうえ》は、飢饉《ききん》とか水害、旱魃《かんばつ》などの天災に際して催された場合が多い。また東大寺建立の詔勅には、天皇が不作、疾病による住人の苦しみを己が罪として懺悔し、正法の流通による除災を祈念している。

一方、国家という言葉がそのまま天皇を意味する場合も、僧尼令《そうにれい》などには認められる。このように奈良時代には、国家が天皇、国土、住人を意味する場合と、天皇のみを意味する場合とがあったことがわかる。

平安時代の文化

平安時代における国家に対する考えも、奈良時代のそれをほぼ継承しているが、まったく同一ではない。空海の護国思想は一面においてインド以来の正法治国思想を踏まえ、また一面においては、奈良時代の国家観の伝統を引き継ぐ。さらにその中には、護国経典を数多く漢訳している不空と般若《はんにゃ》と二人の僧の思想的な影響も見逃すわけにはいかない。

空海の『仁王経開題《にんのうきょうかいだい》』には、「有情世間《うじょうせけん》と器世間《きせけん》を合して名づけて国と為し、般若（仏教の知恵）は能《よ》く此の二世間を護って、災いを払い、福を招く故に、護国と名づく」と述べられている。この場合の国とは、有情世間すなわち住人と、器世間すなわち国土とを指す。護国とは住人とその人々の住む国土を意味し、その中にはインド以来の護国思想の本義がそのまま継承されている。

それと同時に、空海は政治機構としては律令制度の下にあった平安初期を生き、中央集権国家体制の唐朝の仏教を受け継いだ。その国家観の中から、天皇を除外することはできない。『御請来目録《ごしょうらいもくろく》』の中の恵果の言葉に、「早く郷国に帰って以って国家に奉じ、天下に流布して蒼生《そうせい》（民衆）の福を増せ」とあり、また『性霊集補闕抄《しょうりょうしゅうぶけつしょう》』巻九の「高野の峯に入定の処を請《う》け乞《こ》わせらる表」に、「上は国家の奉為《おんため》に、下は諸々の修行者の為に」とある場合、国家は天皇を指すとみてよい。

しかしこれらはいずれも、天皇を意味する国家と住人とが、対になって用いられている。また『略付法伝《りゃくふほうでん》』の恵果の箇所に、「(不空)三蔵告げて曰く。吾が百年の後に、汝此《なんじこ》の両部の大法を持して仏法を護持し、国家を擁護し、有情を利楽せよ」と述べられている。

このほかにも、東寺において経典の講読をおこないたいと願い出たときの上奏文に、「国家の為に薫修《くんじゅ》し、人天《にんでん》を利済《りさい》せん」と『続日本後紀』第四に記載されるなど、国家と住人が対になって表現されている。

最澄の考え

最澄にあっても、しばしば国家と住人が同じく対になって表現される。例えば『山家学生式《さんげがくしょうしき》』には、「国を利し、人を利す」、「国家を利益し、群生《ぐんじょう》(衆生)を接引《せっちん》す」、『学生式問答《がくしょうしきもんどう》』に、護国経典の講伝《こうでん》は、「国家を守護し、万民を利益する為」と説かれ、『天台法華院得業学生式《とくごうがくしょうしき》』にも、護国経典の講讃《こうさん》の目的は、「上は万代の主上に資し奉らんが為に、中は四海の神器を守護せんが為に、下は諸々の有心の類を済利せんが為に」と説くなど、その例は多い。

したがって平安初期には、国家とは天皇のみを意味する場合と、国土と住人を意味する場合があった。しかし天皇を意味するときも、それは住人と対になって使用されている例がかなり存在する。それは国家と住人とは異なる概念でありながら、統合して表裏一体をなす独特の国家観であると見ることもできるであろう。

空海と天皇との交流

戦後のある時期に、奈良・平安時代の日本仏教は天皇を中心とした国家仏教であり、ことに空海は歴代の天皇と常に親密な交流を保つことに腐心し、国家に奉仕した封建的な思想のもち主で、民衆に目を向けていなかったという一方的な評価が知識人の間に広まり、高校の教科書の一部の記述にまで及んだ。その後、文献や書簡を中心とする実証的な研究の進展によって、このような偏った歴史観は徐々に修正されてきた。

空海の上奏文

インド、中国、日本の歴史の中で、仏教と国家の関係については、前に述べたように現在までの研究成果の概略をたどった。次に残されている問題は、空海と天皇との関係の調査であり、次に四恩の思想の再検討である。

『性霊集』巻三と巻四には、嵯峨帝と空海の交流を示す表(上奏文)が十数通残されているので、改めてそれらを検討してみよう。

空海が帰京後、最初に嵯峨帝に呈上した表は、弘仁元(八一〇)年十月二十七日付の「国家の奉為《おんため》に修法を請う表」である。

「私は幸いに先帝の御高配により、中国に渡り、未だ誰もが経験したことのない金剛乗(密教)の秘法を授けられ帰国しました。(中略)日本がお手本にする中国では、国家のための鎮国《ちんこく》念誦《ねんじゅ》の道場を建立し、護国経典をもって修法がおこなわれています。幸い私はこれらの護国経典をもち帰っております。私は師匠からこれらの秘法を授けられましたが、まだ実修はしておりません。お願いします。国家の御為に弟子たちとともに、高雄の山門内で、来月一日より、功検《こうけん》の現われるまで修法させてください」というように熱意を込めて、嵯峨帝に懇願している。内乱ともいうべき薬子の変が、その前月に平定された直後である。中国では安禄山《あんろくざん》の乱に際して鎮国を祈願した不空と、唐朝の代宗帝との密接な関係が、空海の頭の中にあったことは疑いない。

願いが叶えられ、高雄山寺において、鎮国の祈禱が実施されたか否かは定かではない。とはいえ、この上表文が端緒となり、嵯峨帝と空海の関係が急速に緊密化したことは予想されるところである。

弘仁元(八一〇)年より七年頃にかけて、空海から嵯峨帝に対して、矢継ぎ早に進物が届けられる。嵯峨帝も空海も書に強い関心をもち、橘逸勢《たちばなのはやなり》とともに平安初期の三筆に数えられる名筆家である。中国の名高い書家の書跡、自家製の狸毛《たたげ》の筆などを次々に献上している。その中には手に入れにくい中国の詩や文章とか、またそれらを空海自身が書写したものも含まれている。

時代きっての文化人でもあった嵯峨帝には、いずれもが先進文明の香り豊かな贈り物であったに違いない。空海が乙訓寺《おとくにでら》に一時住していたときには、その庭に実った西域系の珍しい果実の柑子を、書を添えて献上している(『性霊集』巻四)。

私的な文化交流

弘仁の初期に、このような帝と僧の親密な交友関係の中で、政治関係の話は含まれていない。あくまでも先端的な文化人同士の私的な文化交流であったことが、これらの書簡によってわかる。

『性霊集』に収載されている文の中で、空海が嵯峨帝に上申した書簡の最後となるのは、巻三所収の帝から主殿助《とのものすけ》布勢海《ふせのあま》を通じて、書を依頼されていた屏風に、一編の詩を添えて献じた「勅賜の屏風を書き了って即ち献ずる表　幷《ならび》に詩」である。それは、弘仁七(八一六)年八月十五日付けになっている。さらにまた、この年の十月十四日付けで「弘仁天皇の御厄を祈誓せし表」が『性霊集補闕抄』巻九に残されている。嵯峨帝のこの時の病は、かなり重かったようである。

この年は、奇しくも空海の高野山開創の時期と一致する。以後は弘仁十四(八二三)年四月に、淳和帝の即位を祝する表が『性霊集』巻四に残されているだけで、帝との文化交流の記録は見当たらない。高野山の開創に心を集中させていた空海は、第二章に述べたように弘仁十(八一九)年、中務省《なかつかさしょう》への入住を命じられている。空海を都に留め、さらに文化交流を続けたいとの嵯峨帝の意図がそこに秘められていたのかもしれない。

四恩説の再検討

四恩とは　空海の天皇に対する特殊な意識を示すものとして、四恩《しおん》説がしばしば取り上げられる。

四恩という言葉が漢訳経典に現れるのは、古く三世紀に遡る。それ以来、近世に編纂された文献に至るまで、四種の恩という言葉を含めて、その用例は少なくないが、内容については必ずしも一定しているわけではない。

中国では三世紀頃から特別な意味をもたない、四恩という語が使用され、日本でも七世紀には、七世《しちせ》父母《ぶも》ないし七世四恩、六道四生《ろくどうししょう》という言葉が用いられている。中国でも日本でも、四恩は特定されずに、広く父母を含む生きとし生けるもの全体を漠然と表現する言葉と考えられる使用例が大多数を占める。

空海の著作の中で、四恩に言及した文章は少なくないが、その内容に触れたものは、「仏経を講演して四恩の徳を報ずる表白《ひょうびゃく》」(略称「四恩表白」、『性霊集補闕抄』巻八と『教王経開題』に掲載)と、「先師の為に梵網経《ぼんもうきょう》を講釈する表白」(略称「梵網経表白」、『性霊集補闕抄』巻八)の二種の表白文である。この二種の表白文は内容において相似した点が少なくないので、ごく近い時期に書かれたものと考えられる。

そこには、父母、国王、衆生《しゅじょう》、三宝《さんぼう》(仏、法、僧)の四種の恩が四恩と記され、内容についての説明が付されている。それは般若訳『大乗本生心地観経《ほんじょうしんじかんぎょう》』(略称『心地観経』)巻二に説かれる、父母、衆生、国王、三宝について説明する四恩を、国王と衆生の順序は異なるが、典拠とすると考えられてきた。

『心地観経』の訳者である般若三蔵は、迦畢試国《かびしこく》(現在のカブール北方地方)で、開元二十二(七三四)年頃の生まれと想定されている。翻訳に従事し、『六波羅蜜経』、『四十巻華厳経』などの大乗経典とともに、『守護《しゅご》国界主陀羅尼経《こっかいしゅだらにきょう》』、『心地観経』などの密教経典の翻訳も残している。これらの経典の内容からみて、彼は国王重視の思想を強くもっていた。

空海が長安の都に留学した折に、親交があり、空海は般若から思想的な影響を受けた可能性が高い。

このような点から、空海が国王の恩を取り入れた『心地観経』の四恩説を引用したとみて、空海の天皇寄りの国家観が問題視されたのである。ところが四恩説を詳しく検討すると、空海が必ずしも国王を重視するために『心地観経』を取り上げているわけではないことに気づく。

よろずの恩

まず空海の前掲の二種の表白文は、四恩それぞれの内容を詳しく説く『心地観経』に比べて、三宝の徳についての叙述が主で、他の三種の恩にはそれほど比重が置かれていない。なかでも先師のための講讃の表白文である「梵網経表白」は、「現前師僧の徳は四恩の中に尤も高く尤も深し」と言い切って、四恩の中でも三宝、とりわけ現前師僧の功を讃嘆する文が大部分を占めている。国王はいわば付属品のような取り扱いである。

つぎに『心地観経』は般若が梵本をもとに講じ、日本からの留学僧霊仙《りょうせん》が筆受、訳語し、元和六（八一一）年に完成した。それは空海の帰国後である。

この翻訳僧の霊仙は宝暦元（八二五）年に淳和帝から百金を賜った返礼に、舎利一万粒、新経両部、造勅五通などを、貞素という人物に託して日本に届けさせている。この中の「新経両部」が般若訳の『心地観経』と『諸仏境界摂真実経《しょぶっきょうがいしょうしんじつきょう》』であったと考えられる。それとともに、それほど時期を経ずして、これらの経典を空海が見たであろうことも予測される。空海撰の「梵網経表白」が、天長五(八二八)年四月十三日の日付であることが、その裏づけとなる。

興味深いことは、四恩の具体例が挙げられている、これら二種の表白文以外に、その前にも後にも空海が四恩の具体例を示していないことである。また空海は「四恩を洗滌《せんでき》す」、「四恩を抜済《ばっさい》す」という表現を用いている。洗滌も、抜済も、苦界に沈む亡者を救済するという意味であるから、父母や衆生であれば救済の対象ともなろうが、三宝とか国王が地獄で呻吟《しんぎん》していて、それを救済の対象とするとは考えられない。

空海は、長安の都で出会い、親交のあった般若の翻訳になる『心地観経』を後に手にした。そのとき、中に具体的に説かれている四恩の内容に気づき、この時期に空海が書いた二種の表白文の中に、早速その四恩の具体名を取り上げた。しかしそれ以後の著作の中には、不思議なことに四恩の具体名は消えている。一般に考えられている四恩説にもどったものと考えられる。

以上の考察を通じて、空海がもともと意図していた四恩は、国王とか三宝などを含む『心地観経』が説く四恩ではなく、中国、日本において古くから用いられてきた具体例をもたぬ、内容の模糊《もこ》とした四恩であるとみてよいであろう。天地万物、生きとし生けるもの全体から、時と場所を超えて受ける、よろずの恩と言ってよいのではなかろうか。

宇宙的なひろがりをもつ恩

空海の頭にある四恩の内容とは、一般に言われている父母、国王、衆生、三宝といった具体例を指すのではなく、中国と日本で古くから考えられてきた、生きとし生けるもの全体を漠然と指す四恩であることが明瞭となった。

誰それさんから御恩を受けたので、その人にいつか恩返しをせねばならない。われわれが考える恩とは、せいぜいこの程度のちっぽけなものである。

宇宙的な規模

空海の考える恩とは、このような底の浅いものではない。私がこの世で生を受け、その生を保っているのは、父母、国王、衆生、三宝に限定されず、もっとスケールの大きい宇宙的な規模での目に見えぬ恩恵を享受して、生かされているからである、と空海は考えた。そのお返しも、父母とか国王という限られた存在だけではなく、宇宙全体に及ぶと考えるほうが、空海には似合っている。

空海の書いた諸種の願文の中で、先の「四恩を抜済す」とか「四恩を洗滌す」という表現の内容を検討してみると、苦界に沈潜する生きとし生けるものを助け上げる、つまりいのちのある限り利他行を無限に継続することを意味している。

その利他行の原点は、第五章でも触れたように、真言宗の常用経典である『般若理趣経』の中心的なテーマである「大欲清浄《たいよくしょうじょう》の行《ぎょう》」が、端的に表現しているとみてよい。

利他行の原点

いつまでも健康でいたい、長生きしたい、お金持ちになりたい、名誉を得たい、家族が仲良く暮らしたい等々、われわれの欲望には限りがない。日常生活で、これらの欲望とどのように向き合えばよいか。

仏教では、それに対して「小欲知足《しょうよくちそく》」を説く。欲望を抑えて、足るを知れということである。欲望は苦のもと、欲望にはもともと限りがない。だから欲望はほどほどにして我慢せよ、という。

ところが密教では、欲望を抑制せよとは言わない。欲望は生きる原動力であるから、それになまじブレーキをかけると、行動する意欲を減退しかねない。けれども人間の生々しい欲望をそのまま認めるわけではない。そこが仏教としては、むつかしいところである。

密教では人間の欲望を、日常的で卑近な生々しい欲望でなく、いっそのこと、それを宇宙的な規模まで広げよ、という。それを密教では大欲《たいよく》と呼ぶ。大欲の大は、小に対するような相対的な大ではない。自己の欲を超えた利他の欲として育て上げろということになる。

ドイツの作家であり詩人でもあるヘルマン・ヘッセに『シッダールタ』という題名の小説がある。主人公の「シッダールタ」は釈尊の幼名と同じであるが、こちらはバラモンの子である。釈尊と同じく、青年時代に生家を出て覚りを求めて遍歴の旅に出る。

インドのバラモンの社会では、色欲(カーマ)と富貴(アルタ)と解脱(モークシャ)が人生の三大目的とされる。シッダールタは遍歴の途中で愛欲の限りを味わうが、愛欲の限界を知る。そこで一人になって商売に専心し、巨万の富を築き上げる。だが富貴の極みにも満足せず、全財産を放棄して一介の船頭となり、毎日、人々を彼岸に送りとどけながら、余生を送る。

彼は無一文になりながら「私はなにももたないけれど、私は考えることができます。私は待つことができます。私は断食することができます」と、誇る。

だれでも求める世俗の欲望を極め尽くして、その空しさに気づき、誰ももたない、自身がもつ三種の特性を見つけ出したのである。極貧のシッダールタの誇る三種の特性、これらは現代社会に最も欠けたものではないだろうか。

高度経済成長の時代には、自分で考える必要に乏しかった。ただ先進文明をまねれば、それで済んだ。

経済効率を優先させた時代には、短時間で効率を上げることが優先され、待つことにそれほど価値が認められなかった。

断食ができるとは、いかなる経済的な支障にも耐えられるということである。

誰でもが願う欲望の限界を知り尽くし、それを大きく利他の行為に転換させ、それが自己の特性であると誇る心境もまた、大欲の一つの現実化と言えるのではなかろうか。

物と金の所有

欲望の表れ方に、物とか金銭の所有欲がある。初期の仏教以来、比丘《びく》や僧はこれらの所有を禁じられた。行乞《ぎょうこつ》により在家者から寄進のあった物品のみを所有し、消費するさだめに従った。

ところが密教では、金銭とか物品の所有が認められていた形跡がある。それは次の文からうかがうことができる。

空海は師である恵果の追悼の碑に、文章を寄せている（『性霊集』巻二）。

その中で、師の日常生活について、「たとい財帛《ざいはく》軫接《あとまじ》え、田園頃《うね》を比《なら》ぶれども、受くることあって貯えること無し。資生《しせい》を屑《もののかず》にせず。或いは大曼荼羅を建て、或いは僧伽藍処《そうがらんしょ》を修す。

貧を済《すく》うに財を以ってし、愚を導くに法を以ってす。財を積まざるを以って心とし、法を慳《お》しまざるを以って性《しょう》とす」と記している。

いただけるものはすべていただく。だがそれを私のものにしない。それでもって貧しい人には自分がもっている財を惜しげもなく与え、愚かな人には自らがもつ法を開示する。

一般仏教では、僧は財を蓄えるべからずときびしい。ところが密教の生き方では、財を蓄えることはよしとする。ただしそれを自分だけの物としてはならない。必要な時には惜しみなくその財を放出せよ、という。こういった考えは、宇宙的な規模で恒久的にわれわれが享受している世間の恩を、利他行でつぐなう密教独自の恩返しの思想と考えてもよいであろう。

九　生死観

智泉廟（高野山）

空海に見る生と死

空海の著作の中で、自身の生と死の問題を直接取り上げた文献はほとんど見当たらない。

日常的な教訓がない

仏教では生・老・病・死を四苦と名づけ、いずれも人間存在にとっては不可避の出来事と見なした。釈尊の教説の中には、老・病・死に直面して苦を実感する人々に対する具体的な説示、あるいは比喩《ひゆ》として取り上げた教訓など、さまざまな事例が存在し、現代人の生き方の中にも反映されるべき点が少なくない。

一方、空海の著作の中に、このような日常生活上の教訓がほとんど見出せないのは、これらの問題に対して関心がなかったからではない。空海はその著作活動において、時間と空間を超越した無限の世界に焦点をあわせ、真理の世界の絶対的な価値が、相対的な現実世界の中に、どのように顕現《けんげん》しているか、またそのことを会得するための実践的な手続きとして、どのような方法があるかを説き明かすことに主眼を置いたためである。

空海の著作の中に、日常生活上の具体的な指針を見出すことはむつかしいといっても、折に触れ、ときには信徒や友人から依頼されることもあった。このような機会があるごとに書いた願文《がんもん》、達嚫文《たっしんもん》、表白文《ひょうびゃくもん》、書簡などにも目をとめてみよう。

これらの文はもとより真言密教の教説にもつながるものであるが、弔辞や書簡などはそれ以上に日常生活に関する具体的な事例と深く結びついている。生死について直接的な言及に欠けるとはいえ、これらの文の中に表れた断片的な記述を整理することによって、空海の生死観《しょうじかん》を把握することが可能となるであろう。

『性霊集』を読む

まず空海の詩文集である『性霊集《しょうりょうしゅう》』の中から、死について語る箇所を取り上げ、それらが仏教あるいはインドの密教の思想とどのような関連をもつかについて考えてみよう。

第六、第七、第八の三巻には、主として願文、達嚫文、表白文などが収められている。なかには弟子の智泉の早逝を悼む達嚫文をはじめ、依頼を受けて書いた文もいくつか含まれている。これらの願文、達嚫文、表白文の中には、人の死を悼み、冥福を祈る箇所が少なからず存在する。したがってこれらを検討すると、空海が死に対して、どのように考えていたかの片鱗をうかがうことができるであろう。

鬼神がもたらす死

羅刹の存在

古代インドの人々は、死がもたらされるのは精霊や鬼神《きしん》の所為と信じ、それらを排除したり、慰撫し、懐柔したりして、死より免れようと真言を唱えたり、呪法をおこなったりした。このことは古代インドのバラモンの聖典である『ヴェーダ』、とくに『アタルヴァ・ヴェーダ』をはじめ、インドの初期密教の経典にも記されている。

空海もまた古代インド人の一般的な信仰を、密教経典を通じて知り、ラークシャサ（羅刹《らせつ》）とかチャンダー（旃陀《せんだ》）などの精霊、鬼神によって、人々に死がもたらされると考えていた。たとえば「無明《むみょう》の羅刹は亀鶴《きかく》の命を斫《き》り、異滅《いめつ》の旃陀は蜉蝣《ふゆう》の体を殺す」（「智泉達嚫文」『性霊集補闕《ぶけつ》抄《しょう》』巻八）がそれにあたる。

すなわちここでは、無明の世界をさまよう羅刹が、人間の長寿を奪い、生と住と異と滅を繰り返す輪廻の世界に潜む旃陀、すなわち鬼神がかげろうのようにはかない人間の身体を食い殺す、と述べられている。

また精霊や鬼神によって人々に死がもたらされるのは、その人の業《ごう》によるとみる。すなわち、

「人、生けること百年にあらざれども、ともに万歳《まんざい》の業を営む。業賊《ごうぞく》、日に聚《あつま》って四魔《しま》の軍《いくさ》を陳《つら》ね、命藤《めいとう》、夜に断《た》えて死王の殃《おう》に入る」(「有人為先師修法事願文」『性霊集補闕抄』巻八)とか、あるいは、「罪鬼《ざいき》業鬼《ごうき》一たび二親《にしん》を奪う」(「林学生先考妣忌日造仏飯僧願文」『性霊集補闕抄』巻八)、またほかに、「それ生《しょう》は我が願いにあらざれども、無明《むみょう》の父、我を生ず。死はまた我が欲するにあらざれども、因業《いんごう》の鬼、我を殺す」(「講演仏経報四恩徳表白」『性霊集補闕抄』巻八)という表現も見える。

四大不調

「四大の毒蛇、忽《たちま》ちに身城《しんじょう》に闘い、五蘊《ごうん》の悪鬼、乍《たちま》ちに心府《しんぷ》を乱さん」(「三嶋大夫為亡息女書写供養法花経講説表白文」『性霊集補闕抄』巻八)。

四大不調によって病を起こすのは毒蛇のせいであり、五蘊が仮に和合して成り立っている人間の身体を損ない、死をもたらすのは悪鬼の仕業だという。

以上のように人間に病や死がもたらされるのは、その人が過去に犯した業によって引き起こされる鬼神の所為であることが、『性霊集』に収められている願文と達嚫文などの中に、数カ所にわたって述べられている。これらは単なる文学的な表現にとどまらず、当時の仏教界をはじめ、一般社会においても共通する認識であったと思われる。

悪鬼の排除

征服しない

インドの初期密教では、人間に病や死をもって襲いかかる精霊を排除し、あるいは征服する呪法を行使して、病や死から免れようとした。それとともに、精霊を逆に守護神化し、自らの安泰をはかった。

ところが空海は死が精霊や鬼神の仕業と考えていたとしても、それらを放逐《ほうちく》したり、征服したりして、死より免れようとはしていない。あくまでも仏教の説くオーソドックスな手法である無常を覚ることにより、死を超えることを求めた。

結界の文

ただ空海の文章の中に、わずかながら悪鬼の排除、善神《ぜんじん》の加護を願う文がある。それは高野山を開創するにあたっての、結界《けっかい》の文である。

『性霊集補闕抄』巻九には、高野結界啓白文《けっかいけいびゃくもん》が二種類収録されている。「高野建立初結界啓白文」と「高野建立壇場結界啓白文」である。それほど内容に相違がないので、ここでは後者の結界啓白文を挙げる。

「一切の諸仏、般若、菩薩、金剛天等とおよび一切の業道《ごうどう》の明冥《みょうみょう》とに啓白す」とあり、ついでこの地を結界する因縁と目的を述べ、「東西南北四維《しい》上下の中の所有《あらゆる》一切の悪鬼神等は皆我が結界の七里より外に出で去れ」、「善神鬼等の我が仏法の中に利益有らん者は意に随って住せよ」と続く。

「私の上下と四周にたむろするすべての悪鬼等は私の結界の七里より外に出てゆけ。ただし善神や善鬼は留まってよろしい」。つまり鬼は外、福は内である。

この中には明らかに悪鬼の排除、善神の守護の祈願が述べられている。ただしこの文はインドの初期密教経典である『陀羅尼集経《だらにじっきょう》』巻四あるいは巻十二、もしくは『一字仏頂輪王経《いちじぶっちょうりんのうきょう》』巻四とほぼ同文で、これらの経典のいずれかから引用したものと思われる。

空海の文章の中で、この「高野結界啓白文」だけに悪鬼排除、善神勧請が見えるが、この文はインドの密教経典からの直接の引用文であるため改変できないことと、精霊、鬼神の疎外といっても、病や死をもたらす鬼神の追放ではなく、結界という密教儀礼に伴うものであることから、前述の空海の死に対する考えの例外とみてよいであろう。

無常の教え

精霊や鬼神によって引き起こされる病や死から人々が逃れ、安楽な生を送るために、仏教はどのような方法をもっていたであろうか。

無常の理

仏教には、いくつかの教化策が用意されている。まず挙げられるのは、初期仏教以来一貫して説かれてきた、生あるものは必ず滅す、存在するものはすべて常に変化し、流転するといった「生者必滅《しょうじゃひつめつ》　諸行無常《しょぎょうむじょう》」の道理を人々がしっかりと認識し、日常生活の中で、この教えに従うがよいというものである。近親者を失った人たちに対して、最も有効な慰めは、無常の理《ことわり》を繰り返し説くことであった。

空海の達嚫文、表白文の中でも、死者および残された者に対し、無常の理が示される。生者必滅の道理から、釈尊すら免れることはできなかったと説かれる。

「世諦《せたい》の事法《じほう》は如来すら存して、毀《やぶ》りたまわず」(「智泉達嚫文」『性霊集補闕抄』巻八)。

「十号の如来も、滅を林中に唱え、三明《さんみょう》の聖者も悲しみを河辺に起こす」(「孝子為先妣周忌図写供養両部曼荼羅大日経講説表白文」『性霊集補闕抄』巻八)。

「聖もまた免れず、何ぞいわんや凡夫《ぼんぶ》をや」(「為弟子求寂真際入冥扉達嚫文」『性霊集補闕抄』巻八)。

そのほか「諸行無常」「諸法如映像」といった語も見え、あるいは生命は「浮雲」「泡沫」(「智泉達嚫文」)にも喩えられる。

さらにまた、「生はこれ楽にあらず、衆苦の聚《あつま》る所なり。死もまた喜びにあらず、諸憂たちまちに逼《せま》る。生は昨日の如くなれども、霜鬢《そうびん》たちまちに催す。強壮は今朝、病死は明夕なり」(「講演仏経報四恩徳表白」『性霊集補闕抄』巻八)ともいう。

生には必ず苦が付随し、死もまた輪廻の苦につながる。生ある者に老、病、死が速やかに訪れる無常を説いている。

また最澄が弘仁三(八一二)年十一月十九日に、藤原冬嗣《ふじわらのふゆつぐ》に宛てた、高雄山において灌頂壇を開くために資具(材料用品)の援助を乞うた文にも、「最澄、海外に進むといえども、然れども真言道を闕《か》く。留学生海阿闍梨《かいあじゃり》、幸いに長安に達して具《つぶさ》に此の道を得たり。今、無常を告げて高雄に隠居す」とある。

「私・最澄は中国において、仏教を学んで帰ったが、残念ながら真言の教えを学ぶ機会は得られなかった。留学生の空海阿闍梨は、幸いにも都の長安にまで行って、密教を習得して帰国した。だが今、体調をくずし、無常と言って高雄にこもってしまっておられる」という内容である。

ここで言われる「無常」とは、身体の不調、ないし死の予感を意味する言葉であろう。この手紙によって、平安初期に、無常が病あるいは死に近い内容を含む言葉として用いられていたことを知ることができる。

成仏への道

仏法がふさわしい

生ある者には必ず襲いかかる死、その傷みを癒すには、仏法が最もふさわしいことが折りに触れて説かれる。

すなわち、「合会《かっかい》して離るることあるは大師の誠言《せいごん》なり、生ある者は必ず殞《いん》すること、我が心に慟《いた》むことあり。かの生死を乱《わた》さんこと、誰か法の撝《さしまね》くに如《し》かん」(「為弟子求寂真際入冥扉達嚫文」『性霊集補闕抄』巻八)。

生死の苦から離脱するには、仏法の指し示すところに従わねばならないという。

「此れに死し、彼《かしこ》に生じて、生死《しょうじ》の獄出《い》で難くして、人となり、鬼となって病苦の怨《うら》み招き易し。悲しい哉《かな》、悲しい哉、三界《さんがい》の子。苦しい哉、苦しい哉、六道《ろくどう》の客。善知識《ぜんちしき》善誘《ぜんゆう》の力、大導師の大悲の功にあらざるよりは、何ぞよく流転《るてん》の業輪《ごうりん》を破し、常住《じょうじゅう》の仏果《ぶっか》に登らん」(「講演仏経報四恩徳表白」『性霊集補闕抄』巻八)。

ここでも生死の苦より逃れ、業報を脱するには、善知識、すなわち優れた指導者の導きと、仏の大悲力により、仏果に登る、つまり成仏する必要があることが告げられている。

帰　真

平安初期には、逝去、示寂《じじゃく》を意味する言葉に、「帰真《きしん》」があると報告されている。

その出典は中国の古典『列子』とされるが、出典に記される用語の元の意味は「真に帰る、真宅に帰る」という意味であったらしい。

空海にもまた示寂、逝去の意味で、当時使用せられていた「帰真」の語を用いた文がいくつか存在する。この一般的な用語であった帰真を、空海が成仏の意味として意図的に用いた例は見出されない。

とはいえ空海の思想から想定すれば、真に帰るは、自己が本来的に有する真実に気づくという意味が含まれていたと理解してよいだろう。

智泉の死

愛弟子の死

天長二(八二五)年に空海は、愛弟子の智泉を病で失う。空海は将来を期待した弟子の早逝を悼むとき、悲しみを率直に表現し、また写経などの外儀による功徳の積み重ねではなく、真言密教の教理を深く了得することによる得脱《とくだつ》を説いている。この点において「智泉達嚫文」(『性霊集補闕抄』巻八)は、通常の追悼の様式とは違って、特異な内容を含むものといえる。

空海は愛弟子であった智泉と自分との深い関係を述べたのち、「哀れなる哉《かな》、哀れなる哉、哀れの中の哀れなり。悲しき哉、悲しき哉、悲の中の悲なり。覚りの朝《あした》には夢虎《ぼうこ》(夢の中でおどかしてくる虎)なく、悟りの日には幻象《げんぞう》(夢中に現れる幻の象)なしと云うといえども、然れどもなお夢夜《ぼうや》の別れ(夢であってほしいと願うけれど、現実の別れ)、不覚の涙に忍ばれず。巨壑《きょがく》半ば渡って片檝忽《へんしゅうたちま》ちに折れ(大海をまだ半ばしか渡っていないのに、二本のうちの一本の櫂が折れ)、大虚《たいきょ》未だ凌《しの》がざるに一翎乍《いちれいたちま》ちに摧《くだ》く(大空をまだ半分も飛んでいないのに、片方の翼を失う)。哀《あわ》れなる哉、哀れなる哉、復《ま》た哀れなる哉。悲しい哉、悲しい哉、重ねて悲しい哉」と、最大級の表現をもって片腕とも頼っていた愛弟子の死に悲嘆の心情を表す。

覚りに入ったならば、諸行無常の理は心得て、迷い悩むことはないということは十分知り尽くしている空海ではあるが、ここでは思わず不覚の涙をこぼすのである。

ただこの場合、注目しなければならないのは、涙を流しっぱなしにするだけではない。ついで空海は、「汝は以前から十分覚っているのであるが、重ねて説く」と断り、真言密教の基本的な思想を真正面から説き明かしていることである。

愛弟子を突如として失った悲しみに沈みつつも、参列の諸弟子や大衆に囲まれて、なお真言密教の教義を切々と説き訴え、それによって弟子の早逝を弔い、その成仏を祈る。

「仰ぎ願わくは、金剛海会《こんごうかいえ》卅七尊《さんじゅうしちそん》、大悲《だいひ》胎蔵《たいぞう》、四種曼荼羅《ししゅまんだら》、入我我《にゅうがが》入加持《にゅうかじ》の故に、六大無《ろくだいむ》碍《げ》瑜伽《ゆが》の故に、塵数《じんじゅ》の眷属《けんぞく》と与《とも》に、無来にして来り、海滴《かいてき》の分身と将《とも》に、不摂《ふしょう》にして摂したまえ」との願意が最後の部分に記されている。

「どうかお願いします。金剛界曼荼羅の中核をなす三十七尊よ。胎蔵曼荼羅の諸尊よ。大・三・法・羯の四種の曼荼羅の諸尊よ。これら諸尊と亡き弟子とは、もともと同体であり、いずれも六大より生まれたものであります。どうかこれら海のしずくのようにかぎりない諸尊は数多くの眷属と一緒に、本来の密教の教えからはずれているかもしれませんが、亡くなった弟子の救済にお出まし下さい」という意味である。

この中には、密教の本来の立場の宣言と、弟子の速やかな成仏を願う気持ちの両様が込められていて、両者の間に若干のずれを見出すのである。

救いを願う

真言密教の本来の立場からすれば、仏と衆生は不二《ふに》であるから、救済という考えはそこに存在しない。しかし建て前は一応建て前として、弟子のために「無来にして来たり(中略)不摂にして摂したまえ」と念じている言葉の端に、空海が肉身であり、自らの後継者と期待していた智泉の死を悼む心情の片鱗をうかがい知ることができる。

本来であれば諸仏の救済は期待すべきではない。つまり「無来」ないし「不摂」であるべき救済ではあるが、愛弟子智泉の突然の逝去による深い悲嘆の声として「来たりたまえ」、「摂したまえ」と思わず口にした、その心情は理解できる。

密教の教えの本筋である、六大無碍、入我我入の即身成仏の教えを懇々《こんこん》と正面切って説き明かした最後に、ポロッとこぼれ出た願いの言葉と見てよい。だがそれは空海の思想とはなじまず、唯一の例外と見なしてよいのではなかろうか。

他界浄土

極楽について

空海の著作には、大乗仏教の中に存在した他界浄土《たかいじょうど》の思想は見当たらない。ただ『性霊集補闕抄』巻八には、他人のために代作した願文が多く残されており、その中に極楽と都卒天《とそってん》の浄土に言及したものがある。

浄土思想は早くから日本に伝来しており、法隆寺の壁画などからも、その信仰が古くから根強く日本に定着していたことがわかる。したがって一般民衆の信仰として、極楽とか都卒天の浄土が知られていたとしても不思議ではない。

「有人為亡親修法事願文」と、「藤左近将監為先妣説三七斎願文」の中に、浄土の往生が願われているとしても、これらの浄土は祈願主の信仰を受け、空海が代作したと考えることができる。

都卒浄土

空海自身の文となる「中寿感興詩《ちゅうしゅうかんきょうし》」(『性霊集』巻三)には、「安楽観史《あんらくとし》は本来胸中《もとよりきょうちゅう》にあり」との文がある。都卒浄土《とそつじょうど》は本来、自己にありとの考えが、空海の信仰であった可能性が高い。密教の思想が現実重視、現世における解脱を主眼とする限り、空海は浄土信仰を正面きって取り入れることを避けたと見るべきである。

日本の古代人の一般的な信仰では常世《とこよ》とか黄泉国《よみのくに》のように、死者の世界は現世と連続していた。現世と隔絶した浄土を欣求《ごんぐ》する思想は平安時代の中期以降、庶民の信仰を席巻したとはいえ、空海にあって死者の世界はあくまでも現実世界とつながっていたとみることができる。

生死の苦からの離脱

成仏への道

生死の苦から免れる方法として、自身が仏であることを自覚する、すなわち成仏の教えが示される。それが本筋である。だが大衆は直ちにそこまで到達できない。そこで人々に提示された成仏への道は、この世で善行を積むことによって、その果報として生死の苦から離脱するという方法である。第七章において述べた作善《さぜん》が、それに当たる。

作善の実践

愛する親、伴侶、兄弟、子女等を亡くし悲嘆にくれる人たちに対しては、「朝夕に涙を流し、日夜に慟《いたみ》を含むと雖《いえど》も、亡魂《ぼうこん》に益《えき》無し」(「三嶋大夫為亡息女書写供養法花経講説表白文」『性霊集補闕抄』巻八)と諫め、経典の書写、僧侶の講讃《こうさん》、法要の執行などの功徳を積むことによって、亡き人も得脱し、遺族も心の安泰を得ることができるという。
『理趣経開題』(生死之河)には、次のようにある。拙訳を掲げる。

誰でも、自身が現世での生と死に伴う苦から逃れて、安らかな覚りに行き着きたいと望む人がおれば、まず物質的(福)と精神的(智)と両方の功徳を積んで初めて覚りの境地に到達することができる。

物質的な功徳と精神的な功徳のうち、まず精神的な功徳を積むとは、経典を書写し、その深い意味を聞き、その内容を理解することである。

一方、他人に施しをする行為を始めとする六波羅蜜の浄行を日常生活の中で実践することは、物質的な功徳を身につける原因となる。

このように福と智、二つながらの功徳を積み、日常生活のうえで受けている目に見える、また目に見えぬ諸々の恩に報じ、いろいろな人の手助けをするならば、その人は自己の利益と他人の利益をともに積み重ねたことになり、その結果、仏の完全な知恵を身につけることができる。その知恵が菩提と言われ、これら福智を具えた行動を実践したものが覚った者であり、過去世や現世で受けたもろもろの御恩に報いる者でもある。

在家の人々でも生死の苦から逃れ、安らかな覚りの境地に至りつく具体的な方法が述べられている。

以下に、その原漢文の書き下し文を掲げる。

若し善男善女あって、生死の苦根を断じ、菩提の妙楽に至らんと欲せば、先ずは福智《ふくち》の因を積んで、然して後に無上の果を感致《かんち》せよ。福智の因とは妙経を書写し、深義を講思するは、即ち是れ知恵の因なり。檀等の諸行は則ち福徳の因なり。能く斯の二善を修して四恩を抜済《ばっさい》し、衆生を利益するときは則ち自利利他の功徳を具し、速やかに一切智智《いっさいちち》の大覚を証す。是れを菩提と謂い、是れを仏陀と称し、亦《また》は真実報恩者と名づく。

精霊の成仏

古代日本人の間には、怨みを抱いて亡くなった者が、怨霊となって祟りをもたらすという信仰が根強くもたれていた。一般民衆だけではなく、為政者も貴族も、怨霊の祟りに対する恐怖に苦しめられ、しばしば怨霊をなだめるための法要や儀式をおこなっている。

怨念を洗い清める

『性霊集』巻六の中には、桓武帝の第三皇子でありながら、薬子の変に謀反の疑いをかけられ幽閉され、服毒自殺をとげた伊予《いよ》親王《しんのう》を弔う願文が二種類存在する。「天長皇帝為故中務卿親王捨田及道場支具入橘寺願文」と「東太上為故中務卿親王造刻檀像願文」が、それである。これらによれば、造像、写経、講経、田や道場の支具の喜捨などの善行を積むことによって、「伏して願わくは、この法水をそそいで、かの煢霊《けいれい》を洗わん。性蓮《しょうれん》乍《たちま》ちに発《ひら》けて微塵《みじん》の心仏を顕《あら》わし、心法忽《たちま》ちに開けて恒沙《ごうしゃ》の遍智《へんち》を証せん」と願っている。

ここでも空海は伊予親王の怨霊を調伏《ちょうぶく》することなく、その霊魂に付随する怨念を洗い清めることによって、本来もつ仏性を開顕しようとする。「煢霊を洗う」は対象が怨霊に限られるわけではない。空海はしばしばこの言葉を使って、亡霊一般の得脱《とくだつ》を祈っている。

善行の功徳

一般社会に浸透していた怨霊の慰撫だけを特別に意識することなく、精霊ことごとくを一様に成仏させることが、空海の願いであった。またさらに空海の願いは、人間の成仏だけに限られるものではない。願文などのほとんどには、善行の功徳が鳥獣魚虫けらといったすべての生あるものに廻《めぐ》らされるように願う文が、最後に付せられている。一切の生類には例外なく仏性が存在し、それに目覚めることが祈られている。

その代表として「勧縁《かんえん》の疏《しょ》」(『性霊集補闕抄』巻九)には、「六道四生《ろくどうししょう》は皆これ父母なり。蠉飛《けんぴ》蠕動《ぜんどう》、仏性にあらざること無し。庶《こいねがわ》くは無垢の眼《まなこ》をほがらかにして、三密の源《みなもと》を照らし、有《う》執《しゅう》の縛《ばく》を断じて、五智の観に遊ばしめん」とある。

蠉飛蠕動は空飛ぶ小虫、地を這う虫などをいう。

「六道を輪廻するあらゆる生きものは皆、わたしたちの父母である。空を飛ぶ虫も、地を這う虫も、みな仏となる性質をもともともっている。願わくは、これら虫けらであっても、けがれのない目をもって、仏の身と口と意の三密の本源を見つめ、この世のしがらみを断ち切って、仏の知恵を身につけてほしい」

また「大夫笠左衛佐為亡室造大日楨像願文」(『性霊集補闕抄』巻八)では、「五大の所造《しょぞう》、一心の所遍《しょへん》、鱗角羽《りんかくう》毛《ぼう》の郷《さと》、飛沈走躍《ひちんそうやく》の県《あがた》、同じく四生の愛輪を破して、共に一真の覚殿《かくでん》に入らん」とある。ここで鱗角羽毛は鱗あるもの、角あるもの、羽毛あるものを指し、魚、獣、鳥のことである。飛沈走躍は鳥、魚、獣をいう。

「魚獣鳥これら生命あるものはすべて、地・水・火・風・空の五大と一心、つまり識大よりなる点において、ともに仏となる性をもつ。残らず成仏してほしいものだ」

空海の願文には、このような例が少なからず存在する。『性霊集』に収められた願文、達嚫文、表白文は四十一種にのぼるが、そのうち二十九種が生あるもののすべての得脱を願う文で占められている。それは故人の頓証菩提《とんしょうぼだい》を祈る文の三十一種に次いで多く、聖朝安穏《しょうちょうあんのん》、天下泰平を祈る文の十一種に比しても圧倒的な数と言える。このように善行の功徳を廻らして、あらゆる生類が本来の仏性に目覚めてほしいと祈る思想は、インド密教の中にはもちろんのこと、奈良時代までの日本仏教の中にも、その例を見ることはできない。

密教では現世における精霊、鬼神の存在を肯定的に考える。それらは時により人間に災禍をもたらすと信じられた。インド密教では、これら精霊、鬼神を排除し、あるいは慰撫して、災いから逃れようとした。一方、空海は大乗仏教の一切衆生悉有仏性《いっさいしゅじょうしつうぶっしょう》の思想に基づいて、精霊、鬼神をも含めた一切の生きものに仏性を認める。そしてそれらを等しく成仏させることによって、人々に安泰な日常生活を保証しようとしたのである。

自身の病気に際して

自己の病

前節までに、空海が死についてどのように考えているかを『性霊集』を中心に探った。これらはいずれも死といっても、他者の死であった。愛弟子の智泉に対する達嚫文のように切々たる悲しみを吐露した文もないではないが、ある意味では客体化された他者の死に対する見解といえるだろう。

一方、空海自身が死に直面するか、あるいは死の予感をもったとき、どのように対処しようとしたのか。それを的確に知ることのできる文献は少ない。とはいえ強いて探せば、それに関係すると思われる文もいくつか存在する。以下では空海が自己の病ないし死に際して、どのように行動したかに焦点を合わせて論を進めよう。

空海は唐の都、長安に留学し、密教の正系の付法《ふほう》を受けて、大同元(八〇六)年に帰国した。その当初は事情があり、都入りは三年ほど遅れるが、以後、空海の三十年に及ぶ後半生は、新来の密教を日本の社会に定着させ、その思想を朝野《ちょうや》に宣布するためのエネルギッシュな活動に明け暮れた。空海は後半生、この多彩な活動の中にあって、文献によるかぎり、最も少なく見ても三度、体の不調を感じ、時には死の予感をもったかに見える。

まず弘仁三(八一二)年十一月十五日、高雄山において、空海は最澄ら四人に対して、日本では最初の金剛界の灌頂を授けた。この時期、空海が何らかの病にかかり、体調が整わず、死をも予感していたのではないかと思われる文が、最澄の手紙の中に残されている。

その一は、弘仁三年十一月五日付けで、最澄が弟子の泰範に宛てた手紙の中で、空海の言葉として、「空海生年四十、期命尽くべし。ここを以って仏を念ぜんがための故に、この山寺に住す。東西することを欲せず。宜しく持するところの真言の法、最澄闍梨《じゃり》に付属《ふしょく》すべし。惟《ねが》わくは、早速に今年の内に付法《ふほう》を受取せられよ」と伝えている。

同じころ最澄が藤原冬嗣《ふじわらのふゆつぐ》に宛てた、高雄の灌頂に際しての支具の援助を乞う十一月十九日付けの書簡にも、「(空)海阿闍梨は(中略)今、無常を告げて高雄に隠居す」と書き送っているところからも知ることができる。ここでいう無常は死を意味している。

空海は帰国後まだ五年しかたっておらず、付法にふさわしい弟子が自らの周辺に数少ないころ、身体の不調に見舞われ、もしやの予感をも抱いたようである。このとき、自らが中国において恵果より授けられた密教の正系を、受法に対して熱烈な意欲をみせ、社会的に地位も高かった最澄に授けようと考えたとみることができる。

第二の危機は、弘仁十二（八二一）年十一月に訪れた。空海の書簡の中に、藤原冬嗣に宛てたと推定されている文がある。その中で、次のように述べている。

（前略）今、天恩重ねて流れて、両部の大曼荼羅の像を図し奉る。その功畢《お》えなんとす。一生の再喜、天より下る。幸甚、幸甚。これ則ち両相公の致すところなり。貧道、如今《いま》、生年知命に近く、二毛すでに颯然《さつぜん》たり。生願すでに満ちて、伝うべきもまた了《おわ》る。少年の成立を待たんと欲すれども、還って風燭《ふうしょく》の速やかに及ばんことを恐る。また人、応供《おうぐ》（阿羅漢、つまり覚った人）にあらず、久しく国粮《こくろう》を費やさんことを恐る。己を撫し、身を修む。生死の眷《かえり》み厚きを恐る。望むらくは、所司に宣付して、かの公食を停むることを。嗟呼《ああ》、俗にあって道を障《ふさ》ぐこと、妻子もっとも甚だし、道家（出家者）の重累《ちょうるい》（心配ごと）は弟子、これ魔なり。弟子の愛を断って国家の粒《りゅう》を却《しりぞ》けんには如《し》かず。斗藪《とそう》して道に殉《したが》い、兀然《こつぜん》として独坐せば、水菜よく命を支え、薜羅《へいら》（つたかずら）これ吾が衣なり。修するところの功徳、以って国徳に酬《むく》う。所有の経仏等は杲隣《ごうりん》、実恵《じちえ》等に伝授す。況《いわ》んや、人、金剛にあらず、蜉蝣《ふゆう》これ寿なり。一去の後、再面期し難し。二三の弟子等、両相国《そうこく》に属し奉る。伏して願わくは、時々検を垂れて秘教を流伝せんことを。幸甚、幸甚。

白雲の中、松柏あに変ぜんや。此生《ししょう》と他生《たしょう》、形を異にするも心は同じ。願わくは、共に法を弘め生を利し、同じく覚台に遊ばんことを。（後略）

このなかの「生年知命（四十歳）に近く、二毛（鬢髪）すでに颯然たり」、「人、金剛（ダイヤモンドのように堅固）にあらず、蜉蝣（かげろうのようにはかない命）これ寿なり。一生の後、再面期し難し（もうあなたとはお会いできないでしょう）」、「此生と他生、形を異にするも心は同じ」といった言葉から察知されるように、この時期、空海は何らかの兆しをもち、余命の少ないことを悟ったようである。そして、国家の糧を断り、山に入り、自然の中で生活したいと思った。そのためにはこの年、勧学院を創立した藤原冬嗣に弟子を託し、密教の流通を期待したいと望んだものであろう。

三回目は、天長八（八三一）年、病にかかり、かなり重態であったと思われる。『性霊集補闕抄』巻九に収められている「大僧都空海疾《やまい》に嬰《かか》って上表して職を辞する奏状」には、「尽日《つもごりのひ》に悪瘡《あくそう》体に起こって吉相現ぜず。両楹《りょうえい》（葬儀）夢にあり、三泉《さんせん》（黄泉の国）忽ちに至る」と自らの病の篤いことを述べ、「沙門なんぞ三界を願わん。伏して乞う。永く所職を解いて、常に無累《ぶるい》に遊ばん」と大僧都の位の辞退を朝廷に願い出ている。

以上、書簡と上表文を見る限り、空海は病あるいは死の予兆にあって、その間に共通する態度が見られる。それは世俗の世界において自己が所有したあらゆる権益、あるいは責務を、誰かに委託、あるいは返還したいという願望の表明、そして弘仁の半ば以降は、自ら世俗を脱し大自然に入ろうとする姿勢の明確化である。世俗の社会でも、宗教の世界においても、きわめて積極的な活動を生涯にわたって継続したように見える空海ではあるが、晩年になるに従い、自然に還り、大宇宙の生命との一体化に尽力し、精魂を傾けようとする。

空海は自らの病や死に対しては、何らの不安や恐怖をもたなかったようである。瑜伽の観法によって大日如来との一体化を果たし、大宇宙の生命と融合した瑜伽行者にとって、そこでは生とか死に対する苦を超越していて当然のことと言えるであろう。

ただ心残りであったのは、世俗に関する事柄であったと思われる。弘仁の初めには、自ら伝え来たった正系の密教を、まだしかるべき者に伝授し終わっていない焦慮《しょうりょ》があった。弘仁の終わり頃には、逆に自らの周辺にできあがっていた弟子集団の行く末に対する不安があった。さらに天長の末には、朝廷より与えられていた高い僧位と篤《あつ》い期待に対する責任感があった。空海の大自然への帰入願望は、これら俗事を最善の方法で処理し、栄誉を放棄することによって完結をみようとしたものと言ってよい。

十　入定信仰

高野山御廟絵図（寛政５年作『高野山古絵図集』）

入定とは

ありがたや高野《たかの》の山の岩陰に
大師は今におわしますなる

高野山でよく唱えられる「金剛」という名の御詠歌《ごえいか》(御入定和讃《ごにゅうじょうわさん》)である。弘法大師は高野山の奥の院の御廟内《ごびょうない》に、今もなお存命のまま留まって、浮世の苦に悩む人々の済《さい》渡《ど》(救済)に尽力されておられるという。こういった大師信仰が、現在も日本各地に伝承されている。

御詠歌

延喜二十一(九二一)年十月二十七日、東寺長者・観賢《かんげん》の上奏《じょうそう》によって醍醐帝より、空海に「弘法大師」という諡号《しごう》が下賜された。朝廷より大師号を贈られた高僧は空海だけではない。それ以前にも、伝教大師《でんぎょうだいし》・最澄《さいちょう》、慈覚大師《じかくだいし》・円仁《えんにん》など、天台系の祖師を始め、弘法大師以降にも高僧の幾人かに贈られている。

それにもかかわらず「大師と言えば弘法、太閤と言えば秀吉」と俗に言われているように、弘法大師の人気は高い。それはなぜなのか。その疑問を解く鍵は、弘法大師の入定信仰にある。入定とは何か。それはもともと禅定《ぜんじょう》に入ること、つまり瑜伽《ゆが》の行を修することをいう。空海の思想と生涯の歩みの原点は、瑜伽にある。俗事をできる限り回避して、ひたすら瑜伽三昧に没頭することが、空海自身が考えていた行動の基本姿勢であり、生涯を通じてそれを切実に願い続けた。

現世の責務

ただ空海には、生涯の中でまだ果たしておかねばならない現世の責務が残されていた。密教を中心とする真言宗教団の基礎固めの事業である。

承和元（八三四）年八月、高野山に金・胎二基の仏塔を建立したいと諸々の知識（外護者）に宛てた勧進《かんじん》を依頼する書が出されている（『性霊集補闕抄《しょうりょうしゅうぶけつしょう》』巻八）。その年の十二月十九日に宮中の内裏においてそれまで執行されていた金光明会《こんこうみょうえ》において真言の修法をおこなうことが許可された（『続日本後紀』）。現在でも毎年正月におこなわれている後《ご》七日《しちにち》御《み》修法《しゅほう》の起源である。

この年の十二月二十四日には、東寺に寺院管理職の僧をいう三綱《さんごう》を設置する勅許が出ている（『類聚三代格』）。さらに承和二（八三五）年正月二十三日に、真言宗に年分度《ねんぶんど》者《しゃ》（朝廷より仏教各宗に年ごとに割り当てられる得度者）三名の許可が与えられ（『類聚三代格』）、二月三十日に金剛峯寺は定額寺《じょうがくじ》として認下され（『続日本後紀』）、初めて官寺に準ずる地位が公に認められた。

空海は天長八（八三一）年、疾《やまい》により大僧都の位を辞退した（『性霊集補闕抄』巻九）が、許されなかった頃より、必ずしも健康にすぐれなかったと見られているが、それ以前に手続きを進めていたのであろう公的な認可事項が、承和年代に入って相次いで実を結ぶことになった。

高野山で生涯を閉じる

六十二年の生涯

空海は承和二（八三五）年三月十五日に弟子たちを集めて遺告《ゆいごう》を与え、三月二十一日、高野山において六十二年の多彩な生涯を閉じた。

数多くの弟子の中でも最長老の実恵《じちえ》が代表して、翌三年五月五日付けで、先師が両部密教を受法した、中国の青竜寺に宛てた書状の中で、「先師諱《いみな》、空海和尚は（中略）承和元年を以って都を去って金剛峯寺（高野山）に行きて住す。二年季春、薪尽きて火滅す。行年六十二、嗚呼哀しい哉、南山白に変じ、雲樹悲しみを含む云々」と報告している（『弘法大師伝全集』（略称『伝全集』）第一、二一九頁）。

また弘法大師伝の中でも古い、寛平七（八九五）年三月十日付けの聖宝《しょうぼう》撰『贈大僧正空海和上伝記』（略称『寛平御伝《かんぴょうごでん》』）には、「承和二年病に嬰《かか》って金剛峯寺に隠居す。三年三月二十一日卒去す」(『伝全集』第一、三七—三八頁)と記されている。

以上のように空海の初期の伝記ないし記録には、いずれも空海の「死」を意味する言葉が使用されている。ところがそれだけではない。空海が晩年に、山に入り、座禅に耽った記録も少なからず残されている。

真済記《しんぜい》とされているが、著者不明、十世紀中頃の作と見られている『空海僧都伝《くうかいそうずでん》』(『伝全集』第一、三二頁)には、「天長九(八三二)年十二月十二日、深く世味を厭うて常に坐禅を務む。(中略)命や涯あり、強いて留むべからず。唯尽きなん期を待つのみ。若し時の至るを知らば、先に在《あ》って山に入らんと。承和元年五月晦日、諸の弟子等を召して語らく。吾が生期、今幾《いくばく》ならず。汝等好く住して仏法を慎み守れ。吾永く山に帰らん」とある。

晩年の日々

晩年には、ひたすら山に帰って、座禅三昧に過ごしていた状況がよく映し出されている。

通説では、天長八(八三一)年五月に上奏された「大僧都空海疾に嬰《かか》って上表して職を辞する奏状」の「悪瘡《あくそう》体に起こって吉相現ぜず。両楹《りょうえい》(葬儀)夢にあり、三泉《さんせん》(黄泉の国)忽ちに至る」(『性霊集補闕抄』巻九)の文面によって、かなりの重態を予想し、以後この病状が承和二年三月まで続いたと考えられてきた。しかし私は、空海の生き方について文献をたどった結果、必ずしも従来の説に従う必要はないと考えている。

天長九（八三二）年八月、高野山において、万灯万花会《まんどうまんげえ》（万の灯明、万の花を献ずる大法会）が営まれた。しかし翌十年、不思議なことに空海の行動についての記録はまったく残されていない。おそらくこの間に山に籠って食事も極力控え、以前から熱望していた瑜伽の行に専心していたであろうことが推測される。

『空海僧都伝』は、内容に関して若干の疑問点があるが、空海伝の中では古く、空海の死を報じ、また晩年の瑜伽への激しい傾倒ぶりを伝える資料である。これによれば、天長の末より、承和二年三月にかけて、空海の日常は文字通り寝食を忘れて瑜伽三昧に耽る生活が通常であると弟子たちが思いこんでいた可能性がある。

入定

康保五（九六八）年撰『金剛峯寺建立修行縁起《こんごうぶじこんりゅうしゅぎょうえんぎ》』（略称『修行縁起』、『伝全集』第一、五五頁）には、「承和二年乙卯三月二十一日寅の時、結跏趺坐《けっかふざ》して大日の定印《じょういん》を結び、奄然として入定《にゅうじょう》したまう」と、ここで初めて「入定」という言葉が使われ、さらに「唯《ただ》目を閉じ言語無きを以って入定と為す。自余は生身《しょうじん》の如し」と、その定義までされている。

言葉の本来の意味からすれば、「入定」とは、禅定に入る、瑜伽行を修すという意味であるが、その言葉が直接使われず、この『修行縁起』以前の資料では、「山に入る」、「坐禅を務む」、「山に帰る」等々の語が用いられていた。だがここでは入定という言葉が、「瑜伽に耽る」という意味ではなく、「死」と同じ意味に使われている。以後は入定の意味が変化して、肉身を留めて禅定に入っている事象をさす言葉に変化する。本書では混乱を避けて、以下では「入定」と「入定留身《にゅうじょうるしん》」とを区別して用いる。

入定留身説

入定留身　入定留身説が世に流布されたのは、延喜二十一（九二一）年、空海に弘法大師の諡号が下賜されて以降である。文献としては、寛弘元（一〇〇四）年七月二十八日付けの「金剛峯寺奏状」が入定留身に関して記す最古の資料とされる。そこには「然る後、大師全身を以って入定し、曽《かつ》て爛壊《らんえ》せずして、弥勒の出世を待つ」と、生身のまま瑜伽に入っている空海像が記されている（武内孝善、一六三頁）。

この入定留身説を補強するのは、観賢が諡号下賜の報告のため御廟を開扉した際に、「大師は鬢髪も伸び、生けるがまま睡《ねむ》るがごとく坐禅されておられた。そこで御髪を剃り、法衣も取り換え奉った」という記述である。このことについては寛治三（一〇八九）年、経範《けいはん》撰になる『大師御行状集記《だいしごぎょうじょうじゅうじっき》』（『伝全集』第一、一八〇－一八二頁）が最初の記録であり、十一世紀以降「御衣替え伝説」として一般に知られるようになった。

十二世紀末頃の、後白河法皇の集成になる『梁塵秘抄《りょうじんひしょう》』巻二には、「大師の住所《じゅうそ》は何処何処《どこ》ぞ、伝教慈覚《でんぎょうじかく》は比叡《ひえ》の山、横河《よかわ》の御廟《みみょう》とか、智証《ちしょう》大師は三井寺《みいでら》にな、弘法大師は高野の御山《おやま》にまだおわします」(『日本古典文学大系』七三、二九五番)とある。弘法大師は高野の御山に「まだおわします」と、今様(庶民歌謡)の中でも歌い継がれている。

「高野山《たかのやま》　むすぶ庵に袖くちて　苔の下にぞ有明の月」。この歌は醍醐帝(九三〇年没)の夢枕に大師が立ち、詠まれたと伝えられている。だがその制作は江戸時代まで下るらしい。弘法大師の入定留身説が、時代を超えて永く庶民の間に浸透していたことをうかがわせる伝承である。

弥勒の出世

弘法大師入定留身説には、弥勒の出世《しゅっせ》を待つ伝承が付随する。釈尊の入滅後の五十六億七千万年後に弥勒菩薩がこの世にお出ましになられ、苦しむ人々を救済されるという言い伝えである。そこには釈尊と弥勒菩薩と、この二仏《にぶつ》の中間《ちゅうげん》は、仏の居られない苦難の時代で、この間に大師が人々の救済にあたられるという信仰の設定がある。

もともと空海は、弥勒菩薩の浄土とされる都卒天《とそってん》は自身の胸の中にあると考えていた。自身即仏を説く空海の思想からすれば、それは当然のことである。自らの四十歳に詠んだ「中寿《ちゅうしゅう》感興詩《かんきょうし》」に、「法仏は本《もと》より我が心に具せり」とか、「安楽観史《あんらくとし》は本来胸中にあり」(『性霊集』巻三)と記していることからもそれがわかる。しかし庶民にとっては、大師が今もおわします高野山は、弥勒菩薩の浄土であると固く信じられてきた。

民衆の中で根強く持ち続けられている信仰は、時には祖師(空海)の思いとは違った伝承に変化することもある例と見てよいかもしれない。

宗教的な伝承の意味

今なお生き続ける

空海は高野山で現実には亡くなられたのに、今なお生きたままにおられる、という信仰はどう考えてもおかしいのではないか、合理的ではない。現代の人はそう考える。

しかし大師の救いを信じて、いまなお大師がおわします高野山の奥の院の御廟の前は、夜を徹して祈り続ける信徒の方々、お百度を踏む人々、月参りの大師信者たちが捧げる、灯や香、花や供物によって四六時中香煙の絶えるいとまがない。大師の入定留身を信じて祈り続ける信者の方々の信仰心は深く、固い。入定留身を続けている大師を信仰される方々を、外側からとやかく言う筋合いはない。

一方、空海の入定留身の信仰が合理的ではないという現代人の考えも当然のことと言える。だが永く人々に信じられ伝承されてきた宗教的な言い伝えには、表面的な解釈では正当に説き明かすことができない要素が多分に含まれていることも少なくない。その生命の永い信仰とか伝承を、表面的な解釈だけでもって捨て去って顧みないでは、その真意をもれなく把握することはできない。

本当の深い意味

空海がしばしばその著書の中で説くように、ものごとを判断するに浅略釈《せんりゃくしゃく》と深秘釈《じんぴしゃく》の相違がある。ある事象に対して、表面的な解釈で済ませるか、その奥に潜められている本当の深い意味を掘りあてるかの差でもある。

宗教的な伝承はしばしば非合理的な現象や言い回しを通じて、その本質を語るという手法を用いる。その一例を示そう。

キリスト教に処女懐胎という伝承がある。現代人がこれをそのまま皮相的に評釈すれば、何を馬鹿なことを言うかと一笑に付してしまうかもしれない。だがこの非合理な伝承の中に、宗教的な真実が隠されている、と私は考える。

キリスト教のような一神教では、神の存在は絶対で、人間との間に厳格な一線が設けられている。ことに旧約聖書の世界では、律法神とされるヤハウェ神と人との間は完全に断ち切れている。だが、神と人間がまったく没交渉では宗教は成り立たない。新約聖書の世界では、神と人とを密接に関係づけようとする。そこで両者の間に、救世主イエスの存在が不可欠となる。つまりこのイエスの誕生の母体は神でもなければ、人間の母親でもない。ここに聖母マリアの処女懐胎の信仰が生まれる必然性がある。そのように考えると、現代人にとって不合理と考えられる聖母マリアの処女懐胎の伝承の根底に秘められた、宗教的な真実の一端が理解されるであろう。

弘法大師の入定留身の信仰にも、表面的な理解よりも、その根底にある非合理な表現によってしか、その真実の意味を伝えることのできない宗教的な矛盾表現があると見なしてよい。

日本仏教には幾多の祖師がおいでになる。高僧と言われる僧侶も数多い。しかし祖師がいまなお生きたままで、衆生の救済にあたっているという信仰が持ち続けられているのは、空海に限られる。そこには、なにがしかの理由があるはずである。それを現代人の常識をもって非合理であると一言のもとに捨て去るよりも、その根底に潜む意味を探ることが、弘法大師の入定留身の伝承の秘密を解き明かす手がかりとなると私は考える。

空海が一人の人間でありながら、永遠の生命を持ち続けているのはなぜか。その主な理由が二つある。

その一つは空海の思想と生涯の行動が、瑜伽に始まり瑜伽に終わる。つまり空海の現世が、無限性と常につながりをもつからである。

二番目に、空海の最終的な目的が衆生救済の誓願に集約せられているという点にも注目したい。

阿字のふるさとに還る

生まれ生まれ生まれ生まれて、生《しょう》の始めに暗く、
死に死に死に死んで、死の終わりに冥《くら》し。

『秘蔵宝鑰《ひぞうほうやく》』の冒頭を飾る詩句の最後に、この歯切れのよい一句が置かれている。

無限の世界へ

誰が言い出したか知らないが、この句が空海の生死観《しょうじかん》を表しているという誤った解釈が一般化している。

だがこれは『秘蔵宝鑰』の第一住心に当たる、異生羝羊心《いしょうていようしん》において輪廻を繰り返す凡夫の生死を描く文章の導入部に相当する表現であり、空海の本来の生死観を表す内容ではない。ここ

で空海が人間の生存の世界も、死後の世界も「暗い」といったのは、現世において、それが認識不可能であるということを意味している。なぜそれが認識不可能であるかといえば、個々の生命が無限の世界とつながっているからである。

阿字本不生

空海は、この通常の認識作用では把握しえない無限の世界を、阿字本不生《あじほんぷしょう》という。『吽字義《うんじぎ》』の阿字の本来の意味を説く箇所において、「あらゆる存在は本来的にいえば生じたり、滅したりするものではない、すなわち本不生である。（中略）この阿字によって（象徴的に）表される本不生の意味が、もともと現実に存在するあらゆる存在の中に広くゆきわたっている」と説く。

前に述べたようにサンスクリット語は、その言葉の最初の一字が、全体の意味を象徴的に示すという言語的な特性をもつ。aの一字が本不生を表すanutpādaの意味を象徴的に具えていると見るのである。一切の存在が阿字に始まり、阿字に集約されるという。人間もまた万物の本源である阿字から生まれ、阿字に還っていくという道理に、空海自身も包含されている。

現実の有限世界の万物が、そのまま真理の無限の世界とつながるという世界観を展開した空海は、現実の自身の死も、永遠の存在原理である本不生なる阿字に還るという。こういった無限性とつながる伝承が生まれるのも当然のことと言えるであろう。凡夫もまた大師にならって、この原理が受け継がれているようである。

真言宗の信徒の間で、亡き人を見送る際に、「阿字の子が　阿字の古里　立ち出でて　また立ち還る　阿字の古里」という「梵音《ぼんのん》」の名をもつ追弔和讃《ついちょうわさん》が唱えられる。本不生（無限の世界）から生まれ、もと居た本不生の世界に還っていく、そういう密教の教理が単純化された歌謡として、現在に残されている。

永遠に続く衆生救済の活動

衆生救済の誓願

空海だけに、なぜ入定留身の信仰が付随するのか。その第二の理由は永遠に続くことが約束された衆生救済の誓願である。天長九（八三二）年八月二十二日、高野山で万灯万花会が催された。仏前に無数の灯明を点じ、数多くの供花を献じ、弟子たちも全員参加したであろう大規模な法要である。

空海が導師となって営まれたこの大法会において、自身が願文を読んだ。その一節に、「虚《こ》空《くう》尽き、衆生《しゅじょう》尽き、涅槃《ねはん》尽きなば、我が願いも尽きん」（『性霊集補闕抄』巻八）とある。これほどのスケールの大きい誓願は空前にして絶後といってよい。

この世界を包む虚空が存続する限り、この世に生きとし生けるものが存在する限り、この世に覚りというものが存在する限り、私の願い、つまり苦しむ人々を一人残さず救済するぞという誓い、それを永遠に継続させせようという誓いが、ここで表明されている。

お大師さまが生きたままで、われわれの浮世の苦しみを聞いてくださって、それらをすべて叶えさせてくださる。

「南大師遍照金剛。大師はいまにおわしまします」という信仰が民衆の間で、いまなおもち続けられているのも、まことにむべなるかな、と言うべきであろう。

菩提心の展開

先にあげた誓願は空海が生涯の中で最後に宣言した願文であるから、終生の願望がその中に集約して込められているとみてよい。ところがこれとほぼ同じ趣旨の誓いが、大乗仏教の論典に記されていることに気づいた。それはシャーンティデーヴァ（Śāntideva）作の『入菩薩行論《にゅうぼさつぎょうろん》』（Bodhisattvacaryāvatāra）の第十章の第五十五偈《げ》である。その詩文をサンスクリット語から和訳すると、「虚空が存続する限り、また世界（人類）が存続する限り、私は世界（人類）の苦を滅ぼす者として生き続けたい」となる。ここには「涅槃」が取り上げられていないが、その趣旨はほぼ共通とみてよい。

またそれに続く第五十六偈は、「どのような苦が世界にあろうとも、そのすべてが、私において実を結ぶ（他に及ばない）ことを。そして、すべての菩薩の浄行によって、世界が平和ならんことを」となっている。

著者のシャーンテイデーヴァは、ほぼ七世紀の人物とされる。密教経典では『大日経』がインドで成立した時期とほぼ同時代である。『入菩薩行論』は、菩提心を軸として、後期大乗仏教において重視される菩薩の利他行を主題として説く。

その菩薩の利他行の根幹となる菩提心については、七世紀頃の大乗仏教では盛んに取り上げられる。『入菩薩行論』第一章の第十五段では、「菩提心に二種ある。菩提（覚り）に向かおうとする心と、菩提を実際に行動に移す心である」と説く。ここでは、覚りを実践に移す菩薩の利他行の重要性が指摘されている。

『大日経』の住心品《じゅうしんぼん》第一に説かれる「菩提心を因とし、大悲を根とし、方便《ほうべん》を究竟《くきょう》とす」という「三句の法門」の菩提心は、菩提すなわち覚りそのものを心とするという教理的な性格をもつ思想であるが、それは単なる理念に終わらず、「方便を究竟とする」（利他行の実践を最終目的とする）内外の活動の基体でもある。

『入菩薩行論』と『大日経』に説かれる菩提心は、一見異なるように見えるが、利他行への志向という点では変わりなく、いずれもインドの後期大乗仏教の趨勢を実直に映し出している。

万灯万花会の願文の「虚空尽き、衆生尽き、涅槃尽きなば、我が願いも尽きん」という永遠なる衆生救済の誓願と、ほぼ同様の文句が『入菩薩行論』にも見出されることは当然のことかもしれない。

時空を超越した阿字本不生の世界から生まれ、常に無限と連なる瑜伽に専心する生活の中で、衆生救済に尽力した空海に対して、後世の民衆が、永遠の救済を求める入定留身の信仰を抱き続けているのも、不思議なことではない。

あとがき

昭和、平成、令和と長い時代を生きてきた。その間、時代思潮の大きな変遷を幾度も経験した。中学生時代に戦時体制から民主主義社会へ、真逆の思想を押しつけられた精神的な葛藤を経て、それから続く予想もしなかった思想潮流の激変の時代も、なんとか生きながらえてきた。敗戦の後、彼此《ひし》の科学技術の圧倒的な差に気づかされた日本人は、西欧文明の摂取にひたすら精力を傾けた。この時期、日本を含めて東洋の伝統的な精神文化が顧みられることはほとんどなかった。

圧倒的な迫力をもって先導していた近代の科学技術文明の未来に、いささかの陰りが見え始めたのは、一九六〇年代の後半期頃からであったろうか。公害が社会問題とされ、地球資源の枯渇が人々の意識に上り、ローマクラブが成長の限界を警告したのも、この時期にあたる。アメリカの建築家フラーが取り上げた「宇宙船地球号」という言葉がジャーナリズムを賑わせたことも、印象に残っている。

やがて欧米では近代科学文明のもつ欠陥が意識され始めるとともに、その対極に位置するインド、中国、日本などの東洋の思想や文化が評価される機運が生じた。このような思想潮流の変化はニューサイエンスと名づけられ一時もてはやされたが、いろいろの理由が重なって残念ながらそれ以降、思想界に定着しなかった。

とはいえ近代科学の基盤をなす物心二元論、分析的な思考方法だけに依存しては、地球環境の保全とか、人間を含む動植物の生態系の維持に支障をきたし、地球生命の存続が危機に瀕していることが、現在ようやく人々の共通認識になろうとしている。

このような近代科学文明の危機の前に立ちはだかる幾多の隘路《あいろ》を突破する糸口ともなる思想が、期待されながら忘れ去られていた東洋の伝統的な文化の中に存在するのではないかとされ、もう一度宝探しの探索がいま始まろうとしている。宇宙的な視野をもつ空海の存在が、改めて見直されようとしている理由もそこにあろう。

近年になって、空海の思想や行動に関する書物が相次いで上梓されている。いずれもそれぞれの著者の専門分野を基軸にして空海の著作に焦点を当て、斬新な見解が披瀝されていて、示唆される点が少なくない。だがいずれの書物も空海のいずれかの一著作に限定して空海の思想と見なし論述しているために、それだけで空海の思想の全体像と称しうるか、疑問の残るところである。

例えば空海は即身成仏、法身説法、声字実相、十住心などの特色のある思想を数多く有し、それぞれを主題とする独立した書物を公表しているが、その中の一書に限定して空海の思想と称してよいか、問題がないわけではない。

空海はきわめて独創性の豊かな思想を次々に提出して時代の注目を集めたが、主題とする言葉を同一の内容のままに、生涯にわたり使い続けることは稀である。たとえば「即身成仏」の語を用いて論を展開するのは『即身成仏義』を著わした弘仁の後半期から、天長二年の「智泉達嚫文」に至るわずか数年に限られ、その後は言葉を変えて、他の表題の書物の底流に忍び込ませる特技をもつ。

『十住心論』、『般若心経秘鍵』、諸種の『開題』類の中にも、形を変えた即身成仏思想を探ってみる必要もあろう。空海の他の特色ある思想も、ほぼ同様である。それらの内容を十全に理解していただくためには、いちいちの細かい論証を必要とするため、学術書や論文に譲り、本書ではその点に関する叙述は避けた。

六十数年前、インド密教の解明をめざして研究者の門をたたき、ようやく空海にたどり着いた老学徒が、現代文明の中で空海のもつ、思想的な役割について広く江湖《こうこ》に認識していただく端緒《たんしょ》ともなればと思い、本書の執筆にとりかかった。

したがって本書は、空海の生涯に関する歴史的な叙述を意図したものではない。生涯を通じての特徴的な思想に重点を置き、その全体像を著書のみならず、書簡類も合わせて総合的に把握しようと試みた。

対象とする人物の幅が宇宙的な規模をもつため、それを現実に生きる人間の限られた視野に収めるには、数多くの遺漏《いろう》があろうかと少しばかり危惧の念を抱いていることも事実である。空海に取りつかれた老生の年輪の幅に免じて、その点はご寛恕いただきたい。

三十一年前に『密教』、八年前に『高野山』、いずれも岩波新書に加えていただき、毎年のように版を重ねてきたが、今回もまた『空海』を新書として上梓させていただくことになった。三部作である。いずれも坂本純子さんの細かい心くばりによる編集のお陰である。感謝の念を込めて筆を措きたい。

令和四年三月二十一日　　高野山 補陀洛院の一隅にて

松長有慶　記

主要参考文献

『弘法大師全集』(増補三版)　高野山大学密教文化研究所　一九六七
『定本弘法大師全集』　高野山大学密教文化研究所　一九九六
『弘法大師伝全集』　六大新報社　一九三五
勝又俊教編『弘法大師著作全集』　山喜房仏書林　一九七三
宮坂宥勝編集代表『弘法大師空海全集』　筑摩書房　一九八三
頼富本宏『空海　日本の仏典2』　筑摩書房　一九八八
福田亮成(弘法大師に聞くシリーズ)　ノンブル社　二〇〇二
加藤精一『空海(ビギナーズ日本の思想)』　角川文庫　二〇一四
松長有慶『訳注　空海著作』全六冊　春秋社　二〇二二
坂田光全『性霊集講義』(改訂新版)　高野山出版社　二〇〇三
渡邊照宏・宮坂宥勝校注『三教指帰　性霊集』
(日本古典文学大系71)　岩波書店　一九六五
高木訷元『空海と最澄の手紙』　法蔵館　一九九九

第一章

松長有慶『密教　インドから日本への伝承』（改版）　中公文庫　二〇〇一
高橋尚夫・野口圭也・大塚伸夫編『空海とインド中期密教』　春秋社　二〇一六

第二章

中野義照「大師の「禅関に限られて」とは何か」（『密教学会報』8）　一九六九
西本昌弘「空海撰『文鏡秘府論』と弘仁期の詩人」（『空海と弘仁皇帝の時代』第三章・三）　塙書房　二〇二〇

第三章

遠藤祐純『梵蔵対照『金剛頂経』金剛界品　和訳』　ノンブル社　二〇一三
津田真一『和訳 金剛頂経』　東京美術　一九九五
松長有慶『大日経住心品講讃』　大法輪閣　二〇一〇
末木文美士『草木成仏の思想』　サンガ　二〇一五
山本良一・竹村牧男・松長有慶『地球環境問題を仏教に問う』　丸善出版　二〇一五

第四章

岡村圭真「恵果阿闍梨との出逢い」（『岡村圭真著作集』第一巻所収、第二章）法蔵館　二〇一九

第五章

村上保壽『空海教学の真髄——「十巻章」を読む』法蔵館　二〇一六

第六章

藤井　淳「阿字本不生」（『空海の思想的展開の研究』第二編第三章）トランスビュー　二〇〇八
竹村牧男「空海の仏身論」（『空海の言語哲学』第四章）春秋社　二〇二一

第八章

松長有慶「護国思想の起源」（『印度学仏教学研究』15—1）一九六六
松長有慶「四恩説の再検討」（『密教文化』189）一九九五
頼富本宏「般若三蔵について（上）」（『密教文化』108）一九七四

第九章

松長有慶「空海にみる生と死」（『印度学仏教学研究』42—1）一九九三

第十章

武内孝善「弘法大師の入定留身信仰」（『「弘法大師」の誕生』第二部） 春秋社 二〇一一

シャーンティデーヴ著、金倉圓照訳『悟りへの道』（サーラ叢書9） 平楽寺書店 一九五八

斎藤　明「シャーンティデーヴァの〈廻向〉論――新旧『入菩薩行論』最終章を中心として（5）」（『成田山仏教研究所紀要』44） 二〇二一

平岡宏一『運命を好転させる隠された教え　チベット仏教入門』幻冬舎 二〇二一

索　引

あ行

か行

さ行

た行

な行

は行

ま行

や行

ら行

わ行

松長有慶

1929 年和歌山県高野山に生まれる
1951 年高野山大学密教学科卒業
1959 年東北大学大学院文学研究科印度学仏教史学科博士課程修了，文学博士(九州大学)
高野山大学教授，同学長，大本山宝寿院門主，高野山真言宗管長を経て，高野山大学名誉教授，補陀洛院 名誉住職 前官.
2023 年逝去.
主要著作 ―『密教』(岩波新書)
『高野山』(同上)
『密教の歴史』(平楽寺書店)
『松長有慶著作集』 全 5 巻(法蔵館)
『理趣経』(中公文庫)
『訳注 秘蔵宝鑰』 等全 6 冊(空海著作シリーズ)(春秋社)

空 海　　岩波新書(新赤版)1933

2022 年 6 月 17 日 第 1 刷発行
2024 年 10 月 4 日 第 4 刷発行

著 者 松長有慶《まつながゆうけい》

発行者 坂本政謙

発行所 株式会社 岩波書店
〒101-8002 東京都千代田区一ツ橋 2-5-5
案内 03-5210-4000 営業部 03-5210-4111
https://www.iwanami.co.jp/

新書編集部 03-5210-4054
https://www.iwanami.co.jp/sin/

印刷製本・法令印刷 カバー・半七印刷

ISBN 978-4-00-431933-7 Printed in Japan

岩波新書新赤版一〇〇〇点に際して

ひとつの時代が終わったと言われて久しい。だが、その先にいかなる時代を展望するのか、私たちはその輪郭すら描きえていない。二〇世紀から持ち越した課題の多くは、未だ解決の緒を見つけることのできないままであり、二一世紀が新たに招きよせた問題も少なくない。グローバル資本主義の浸透、憎悪の連鎖、暴力の応酬――世界は混沌として深い不安の只中にある。

現代社会においては変化が常態となり、速さと新しさに絶対的な価値が与えられた。消費社会の深化と情報技術の革命は、種々の境界を無くし、人々の生活やコミュニケーションの様式を根底から変容させてきた。ライフスタイルは多様化し、一面では個人の生き方をそれぞれが選びとる時代が始まっている。同時に、新たな格差が生まれ、様々な次元での亀裂や分断が深まっている。社会や歴史に対する意識が揺らぎ、普遍的な理念に対する根本的な懐疑や、現実を変えることへの無力感がひそかに根を張りつつある。そして生きることに誰もが困難を覚える時代が到来している。

しかし、日常生活のそれぞれの場で、自由と民主主義を獲得し実践することを通じて、私たち自身がそうした閉塞を乗り超え、希望の時代の幕開けを告げてゆくことは不可能ではあるまい。そのために、いま求められていること――それは、個と個の間で開かれた対話を積み重ねながら、人間らしく生きることの条件について一人ひとりが粘り強く思考することではないか。その営みの糧となるものが、教養に外ならないと私たちは考える。歴史とは何か、よく生きるとはいかなることか、世界そして人間はどこへ向かうべきなのか――こうした根源的な問いとの格闘が、文化と知の厚みを作り出し、個人と社会を支える基盤としての教養となった。まさにそのような教養への道案内こそ、岩波新書が創刊以来、追求してきたことである。

岩波新書は、日中戦争下の一九三八年一一月に赤版として創刊された。創刊の辞は、道義の精神に則らない日本の行動を憂慮し、批判的精神と良心的行動の欠如を戒めつつ、現代人の現代的教養を刊行の目的とする、と謳っている。以後、青版、黄版、新赤版と装いを改めながら、合計二五〇〇点余りを世に問うてきた。そして、いままた新赤版が一〇〇〇点を迎えたのを機に、人間の理性と良心への信頼を再確認し、それに裏打ちされた文化を培っていく決意を込めて、新しい装丁のもとに再出発したいと思う。一冊一冊から吹き出す新風が一人でも多くの読者の許に届くこと、そして希望ある時代への想像力を豊かにかき立てることを切に願う。

（二〇〇六年四月）